계간문예작가선 101
정 종 명

계간문예작가선 101
사자의 춤

계간문예

차례

등단작 **사자의 춤**

단편소설 대표작 **이명**

중편소설 대표작 **숨은 사랑**

수상작 **의혹**

문학특강 **나의 인생 나의 문학**

작가연보

작품평 참고문헌

등단작 — 월간문학신인작품상 당선작

사자의 춤

처남이 죽었다. 아홉수가 나쁘다느니 어쩌느니, 아픈 사람을 두고 가당찮은 입방아를 함부로 찧어쌓더니만 기어이 마흔아홉 고비를 넘기지 못했다. 무당을 불러들여 굿을 했다는 소문을 얼핏 들은 것이 불과 보름 전인데, 생각해 보면 폐병에 무당굿이 무슨 효험이 있었겠는가.

버스가 수원을 지날 무렵부터 풀풀 눈발이 비치기 시작했다. 눈발은 시간이 지날수록 점점 드세어져, 평택 터미널에 도착했을 때는 함박눈으로 변해 있었다. 하늘은 깜깜했고, 거리는 눈석임물로 질벅거렸다. 눈발에 묻힌 가로등은 뿌연 우윳빛이었다. 처갓집은 읍내에서 삼십 분 가량 걸어가야 하는 궁벽한 시골이었다.

나는 결혼 이래 네댓 번 처갓집을 방문했다. 한번은 장모가, 또 한 번은 처삼촌이 돌아가셨을 때인데, 그 나머지는 무슨 일로 처갓집을 방문했는지 도통 기억이 없었다. 아내는 이상하게도 친정 기피증이 있었고, 출판사 교정원인 나는 일 년 열두 달 가야 공휴일조차 제대로 찾아먹지 못할 만큼 항상 일에 부대껴 온 터였다. 사정이 그렇다 보니 특별한 사유가 없는 한 한가로운 처갓집 나들이는 엄두도 못 낼 처지였다.

농업협동조합 건물 앞을 지나자 술집 입간판이 줄을 이어 나타났다. 작부의 웃음소리와 술꾼의 고함이 어둡고 칙칙한 거리로 간간이 흘러나왔다. 멀쩡한 정신으로 처갓집 대문을 들어서는 모습을 상상하는 것만으로도 나는 벌써 주눅이 들었다.

나는 거리 끝에 자리잡은 작은 술집으로 들어갔다. 이홉들이 소주 한 병과 처녑 한 접시를 시켰다. 세 번째 술잔을 털어넣고 처녑 한 조각을 집으려는 순간, 먹은 것이 도로 왈칵 넘어왔다. 술을 너무 급히 들이켠 탓인 듯했다. 역시 내가 올 자리가 아닌 게 틀림없어. 자괴지심이 속을 뒤집었다.

아내와 헤어진 지 일 년 삼 개월. 그 동안 나는 한 번도 그녀를 만나 본 적이 없다. 동서나 처형 들을 통해 귀동냥으로 얻어들은 이야기로 어렴풋이 그녀의 근황을 짐작할 따름이었다.

나와 헤어진 직후, 아내는 전부터 알고 지내던 어느 사내와 살림을 차린 모양인데, 돈푼깨나 있어 보이던 그 사내가 알고 보니 사실은 불알 두 쪽밖에 없는 날건달이더라는 거였다. 아내는 시내 어디에다 다방을 차린 모양이나 그 짓도 잠시뿐, 온다 간다 말도 없이 종적이 묘연해졌다고 큰처형이 뇌까렸다. "주렁주렁 매달린 자식새끼 내버리고 집 나간 년, 그년은 고생을 해도 뼈가 빠지게 고생을 해봐야 혀." 큰처형의 그런 터무니없는 악담을 나는 물론 액면 그대로 받아들이지 않았다. 내 마음을 떠보려고 공연히 해보는 지청구

일 뿐이야.

　셋째아이 돌을 막 지냈을 무렵이다. 아내는 이렇다 할 설명 한 마디 없이 무려 사흘이나 집을 비웠다가 나타났다. 서른세 살짜리 유부녀의 가출이란 아무리 좋게 생각하려 해도 납득이 불가능했다. 그러나 나는 그녀 스스로가 가출 이유를 고백할 때까지 기다리기로 마음먹고, 어설픈 구박이나 훈계 따위는 그만두기로 작정했는데, 사실은 그런 가당찮은 아량이 잘못이었다. 그 이후 그녀의 가출은 심심찮게 잦아졌고, 그러던 어느 날 나는 어느 사내와 함께 여관에서 나오는 아내를 목격하기에 이르렀다. 그 날 밤 나는 뒤늦게 집으로 돌아온 아내를 아예 작정을 하고 흠씬 두들겨 패 버렸다. 머리끄덩이를 잡아 돌리고, 모가지를 짓밟고, 그러고도 분이 풀리지 않아 살림살이를 닥치는 대로 부수었다. 나중에 안 일이지만, 그녀의 몸뚱이는 머리끝에서 발끝까지 성한 곳이 없을 정도였다. 그 정도면 이제 정신을 차리겠거니 여겼는데, 웬걸 아내는 한술 더 떴다. "기집년 치는 놈 쳐놓고 잘난 놈 하나 못 봤다. 사내놈이 오죽 못났으면 제 기집을 두들겨 패? 이 벼락을 맞아 손모가지가 똑 부러질 놈아……" 아내는 나보다 머리 하나는 더 크다. 몸피가 크면 겁이 많고 뒤가 무른 법인데, 아내는 달랐다. "야 이놈아, 같이 살기 싫으면 곱게 헤어지자고 말로 할 일이지 니가 뭐 그리 잘나 빠졌다고 사람을 개 잡듯이 두들겨 패니? 너도 인간이냐, 엉?"

　이튿날이다. 아내는 전치 이 주짜리 진단서診斷書까지 첨부한 이혼장을 꾸며 와 나의 코앞에다 바싹 디밀었다. 처음에 나는 그것이 두들겨 맞은 것이 너무 분해서 한번 해보는 단순한 협박이겠거니 여겼다. "이거 이혼장이지? 헤어지자 그 말인 모양인데, 도대체 이유가 뭐요?" "간단하게 말하겠어요. 당신하곤 단 하루도 같이 살고 싶지 않아요. 싫어진 거예요. 아시겠어요?" "하지만 우리 사이엔 애들이 벌써 셋이오. 우리가 갈라서는 건 별문제 아니라 하더라도 저 애들은 어떡헐 작정이지?" "당신이 맡지 않겠다면 내가 데리고 나가겠어요." "애들을 당신한테 맡기라구? 그건 안 돼. 애들은 차라리 내가 맡으리다." 그리고 나는 이혼장에다 기세 좋게 도장을 찍어 주었다. 여자가 만들어 내미는 이혼장에다 도장 못 찍을 비겁장이가 되고 싶지 않다는 오기에서만은 아니었다. 애들이 내 곁에 있는 한 이혼장에다 도장 골백번을 찍은들 그게 뭐 그리 대수겠느냐는 나의 오만을 그녀는 비웃듯이 짓밟아 버렸다. 아내는 자신의 명의로 등기가 되어 있는 집까지 나 몰래 팔아넘긴 뒤 감쪽같이 종적을 감춰 버렸던 것이다.

어디선가 개가 공공 짖었다. '새마을회관'이란 현판이 붙은 건물의 담을 끼고 모퉁이를 돌아가면 처갓집이다. 마굿간 벽에다 비스듬히 비끄러맨 작대기 끝에 백열등이 하나 댕강 매달렸고, 그 밑에 차려 놓은 세 무더기의 사자밥과 세 켤레의 고무신이 더할 수 없이 을씨년스러웠다.

나는 솟을대문 안으로 들어섰다. 대청 처마에도 임시로 가설한 백열등이 밝혀져 있기는 했으나 전체적으로 집 안은 어두컴컴했다. 섬돌 위로 올라선 나는 방안에서 흘러나오는 소리에 순간 온몸이 굳어졌다. "양서방이 앙심을 먹고 해코지라도 하려고 들면 어떡허지?" 둘째처형의 목소리였다. "별걱정을 다 하시네. 그 사람은 이제 남이여. 그 사람이 뭔데 남의 초상집에 와서 해코지를 해? 어림도 없는 소리!" 큰동서의 카랑카랑한 목소리가 못을 박고 나섰다. "사람이 너무 착해 빠져서 그럴 위인도 못 돼." "그건 그래. 그 사람은

사자의 춤 9

법 없이도 살 사람이야." "그건 몰라. 가만히 보면 그 사람도 얼마나 이물스런 위인인지 모른다구." 잠시 사이를 두었다가 이런 말도 흘러나왔다. "그나저나 그 주책맞은 년이 사내까지 끼구 들이닥치는 게 아닌지 모르겠네." "그러게 말이야. 차라리 둘 다 안 왔으믄 좋겠구만……" "허허허, 풍경 좋은데요 뭐. 딸은 넷인데 사위는 다섯이니, 장인어른 사위 복 터졌지 뭐유." 그러면서 낄낄 소리내어 웃는 사람은 넷째동서였다. "내 참, 남세스러워서 얼굴 들고 동네 사람 쳐다볼 면목이 없다니까." "아따, 그러지 말아요. 사람 살다 보면 그럴 수도 있는 거야. 이혼한 사람이 어디 처제 하나뿐이던가." 둘째동서의 말이었다. "그거야 그렇기는 하지만, 그년은 좀 너무 심했어. 생각해 보라구요. 집까지 팔아먹고 도망치는 바람에 애새끼들을 길바닥에 나앉게 해놨으니, 백 번 천벌을 받아 마땅한 년이지……" "그래도 말이다. 양서방 말하는 뽄새를 가만히 들어 보면 그년이 지금이라도 돌아오면 모른 척 받아들일 눈치더라니까. 내 참, 병신도 그런 병신이 따로 없어." 그때 부엌문이 열리면서 처남댁이 바깥으로 나서려다가 제풀에 화들짝 놀라 소리쳤다. "아니, 이게 누구여. 양서방 아니유?" 그 소리에 방문이 덜컹 열리면서 안에 있던 사람들의 놀란 얼굴이 비죽비죽 내밀어졌다. 나는 머리와 어깨의 눈을 털어내며 나도 모르게 히죽이 웃고 말았다.

    사랑방 윗목으로 병풍이 세워져 있고, 그 앞에 장인어른과 초등학교, 중학교에 다니는 어린 두 상제喪制가 안으로 들어서는 나를 맞았다. 내가 병풍을 향해 절을 하려고 엉거주춤 허리를 구부리자, 장인어른이 급히 손을 내저었다. "아직 날송장이야. 절 그만둬." 나는 도로 허리를 펴고 말았다. 방안은 소독 냄새가 진동했다.

    처남댁이 차려다 주는 밥상을 받기는 했으나, 입 안이 깔깔하고 자꾸만 구역질이 나서 겨우 윗머리만 뜨적거리다가 수저를 놓아 버렸다. "이제 염 해야지요." 큰동서의 말에 장인어른이 머리를 끄덕였다. "자네들은 건넛집에 가 있게." 건넛집이란 처삼촌댁을 이르는 말이었다. "괜찮아요." 대답은 그렇게 했으나 큰동서는 속으로 은근히 캥기는 모양인지 둘째동서와 사촌처남을 번갈아 바라보았다. "사실 이런 일은 동네 사람들이 나서야 하는 법이야." 둘째동서 역시 꽁무니를 빼고 싶은 표정이 너무 역력했다. "하지만 이런 궂은 일에 동네 사람 누가 선뜻 나서겠어요?" 사촌처남이 쥐어박는 투로 큰동서와 둘째동서를 힐끔 돌아다보았다. "그래서 예로부터 죽으면 말짱 도루묵인 게야. 엊그제까지만 해도 형님, 동생 하면서 죽고 못 살 것 같던 놈들도 코빼기 하나 안 내밀잖아. 사람 인심이 이렇게 야박해서야 어디……." 큰동서는 누구에게랄 것도 없이 분통을 터뜨렸다. 그러자 장인어른이 단호하게 잘라 말했다. "시끄러. 가만들 있어. 가만들……." 그리고 나서 장인어른은 사촌처남에게 동네 사람 누군가를 불러 오라고 일렀다. "내 낮에 만나서 부탁을 해놨으니께 나가서 찾아봐. 아마 주막집에 있을 게야." 사촌처남은 말없이 문을 열고 나갔다.

사촌처남은 잠시 후에 두 사내와 함께 다시 나타났다. 한 사람은 방한모를 깊숙이 눌러쓴 삼십대의 장정이었고, 또 한 사람은 오십대로 보이는 곱추였다. 그들이 거들기로 하고 장인어른이 직접 나서서 진두지휘를 하는 가운데 염이 시작되었다. 염을 하는 동안 집 안팎은 마른 쑥을 태우는 연기로 가득 찼다.

모두들 숨을 죽인 채 염하는 광경을 말없이 지켜보고 있었다. 장인어른이 시신屍身의 입에다 물에 불린 쌀을 세 번에 나눠 조금씩 흘려 넣으면서 "백 석이요!" "천 석이요!" "만 석이요!" 하고 소리쳤다. 이어 십원짜리 동전 세 닢을 그 입에다 비집어 넣을 때도 "백 냥이오!" "천 냥이오!" "만 냥이오!" 소리쳤다. 모두들 굳게 입을 다물고만 있었는데, 그때 느닷없이 곱추가 항의하듯 중얼거렸다. "거짓말 말아요. 귀신이 십원짜리 동전인 줄 모를 줄 아세요?" 그 소리에 멍청히 앉아 있던 처남댁이 적이 놀란 표정을 지었다. 그녀는 급히 치마 속을 뒤집어 더듬더니 무엇인가를 손아귀에 감추어 쥐고 손짓으로 곱추를 대청마루로 불러내었다. 처남댁이 곱추한테 건네 준 것은 돈이었다. 얼핏 보기에 천원짜리로 대여섯 장은 실히 될 것 같았다. 곱추는 잠시 난감한 표정을 지어 보이다가 하는 수 없다는 태도로 그것을 받아 방으로 돌아와서는 장인어른 몰래 시신의 옷섶에다 슬금슬금 찔러넣었다. "뭐니뭐니해도 역시 마누라가 제일이야." 방한모와 마주 앉아 교포絞布를 묶고 있던 장인어른이 한숨을 내쉬며 그 말을 이렇게 받아 넘겼다. "그래 봐야 다 쓸데 없는 짓이야." "쓸데없긴요. 요즘은 돈 없인 천당도 못 간대요." 그러면서 곱추는 장인어른을 향해 힐끔 눈을 흘겨 보였다. 알고 보니 방한모는 벙어리였다. 그 방한모는 곱추가 그런 우스갯말을 할 때마다 무슨 일인가 해서 커다란 눈을 연신 뒤룩거렸다. 그의 그런 못난 표정이 또 사람들을 은근히 웃겼다. 그러나 아무도 소리내어 웃지는 못했다. 누가 감히 소리내어 웃을 수 있겠는가? 웃기는커녕 숨이 막혀서 심장이 터질 것 같았다. 나는 몸을 함부로 움직이는 것조차 예의가 아닌 듯해서 손끝 하나 움직이지 못하고 내내 붙박혀 있었다.

그렇게 얼어붙은 분위기가 딱해 보인 모양인지 곱추가 대청마루의 사람들에게 말했다. "호상好喪은 아닙니다만 너무 그렇게 긴장하지 말아요. 사람 죽은 거 처음 봤어요? 내 참!" 그렇게 불쑥불쑥 내뱉는 곱추의 신소리가 처음에는 주책맞고 무례한 것 같아 불쾌감이 앞섰으나, 돌이켜보니 그의 진지한 표정이나 태도가 결코 함부로 구는 경거망동이 아님을 충분히 이해할 수 있었다. 그제야 사람들은 상체를 조금 비틀어서 굳어진 관절을 풀기도 하고 더러는 잔기침도 했다. 멋모르고 꿇어앉았던 나는 시간이 지나면서 발이 저리기 시작했다. 몰래 콧등에다 침을 바르기도 하고, 또 몰래 엉덩이를 들었다 놓았다 했는데, 그때마다 시신이 눈을 까뒤집고 "그까짓 걸 못 참아 사지를 비비꼬고 있어 그래? 못된 사람 같으니라구." 버럭 소리를 내지를 것 같은 환상에 빠져서 등줄기에는 식은땀이 다 배어났다. "다른 건 다 몰라도 이 사람한테 화투는 한 목 넣어 줘야 하는데……" 곱추의 그 말에 장인어른도 제꺽 응수했다. "이 자식, 노름하고 싶어서도 어찌 죽었을까 그래."

아들이 노름판에 끼는 낌새만 알아차리면 긴 작대기를 질질 끌며 마을과 온 읍내를 뒤졌다는 장인어른이다. 말끝마다 그놈은 하루빨리 죽어야 할 놈이라고 공공연히 떠들고 다녔다지만, 막상 아들의 마지막 가는 길을 손수 뒷갈망해야 하는 장인어른의 가슴이 얼마나 저리고 아플까를 생각하니 죽은 처남보다도 살아 있는 장인어른이 오히려 안스럽게 여겨져 나는 가슴이 더욱 저렸다. "이게 마지막 보는 얼굴이다." 그러면서 장인어른은 시신의 얼굴에다 면목을 씌워 버렸다. 그러고 보니 그것이 마지막이었다. 베와 종이로 묶여지고 매듭이 지워진 시신은 그야말로 길가에 버려진 나무토막이나 다를 게 없었다. 저승에 갔던 혼백이 되돌아와 육신을 찾아 소생하고 싶어도 이젠 어쩔 도리가 없는 노릇이다 싶었다. 아내가 이 마지막 순간까지 나타나지 못한 것이 혹시 내가 이 자리에 버티고 있기 때문이 아닌가 싶어, 아내에게도 처남에게도 내가 몹쓸 짓을 하고 있다는 죄책감이 한동안 나의 가슴을 스적스적 물어뜯었다. 마당에는 어느 새 화톳불이 피워졌고, 간단한 저녁 제사가 끝났을 때쯤 비로소 문상객이 하나 둘 들이닥쳤다.

밤이 이슥해지면서 눈발이 겨우 멎었다. 밤새움을 해야 할 사람은 역시 우리들 동서네 푸네기가 전부였다. 큰동서, 둘째동서, 막내동서, 사촌처남, 큰처형, 둘째처형, 처제, 처남댁 들이 모두 안방에 모여 있었다. 남자들은 화투판을 벌였고, 여자들은 앉거나 모로 드러누워 있었지만 누구도 잠을 자지는 않았다.

나는 화투판에서 빠져나와 밤새움하는 사람들을 위해 진작부터 차려놓은 윗목 한쪽 구석의 술상 앞으로 슬그머니 다가앉았다. "지연이 아빤 웬 술을 그렇게 마시지? 그만 주무세요." 큰처형이 지나가는 말처럼 중얼거렸으나 나는 못 들은 척 외면해 버렸다. "본전 생각 없어?" 둘째동서가 다시 화투판에 낄 것을 권유했으나 나는 고개를 살랑살랑 내젓고 말았다. "이리 오라니까. 혼자 뱅뱅 겉돌지 말고." 사람을 은근히 깔아뭉개는 어투였다. "내가 뭐 만만한 털집인 줄 아슈?" 나는 나도 모르게 톡 쏴붙이는 말투를 내뱉고 말았다. 방안은 찬물을 끼얹은 듯 일시에 얼어붙어 버렸다.

마을 장정들로 꾸며진 상여꾼들이 집 안팎에서 분주히 들락거렸다. 영구靈柩가 바깥 마당에 차려진 상여 앞으로 옮겨졌다. 발인제發靷祭가 진행되는 동안 마을의 노인들과 아녀자들이 하나 둘 나타나 집 주위의 여기저기서 무리를 지어 지켜보았다. 어린 상제들이 추위에 오들오들 떨면서 어른들이 시키는 대로 꾸벅꾸벅 절을 하고 있을 때였다. 마을 골목 쪽으로 둘러서 있던 사람들이 길을 틔워 주면서 한 여인이 나타나 다짜고짜 상여 앞에 고꾸라지면서 비명과도 흡사한 울음을 터뜨렸다. 여인의 뒤를 따라 나타난 낯선 사내는 오버를 벗어 왼팔에 걸친 채 엉거주춤 서 있었다. 사내는 얼른 보기에도 유도 선수가 아닌가 싶게 몸집이 좋았다. 그의 번지르르한 외모는 확실히 아내가 좋아할 만한 타입이 분명했다. "셋째야." "새서방 얻었다더니 같이 온 모양이지?" "그라문 서방이 둘이네." 마을 아낙네들이 수군거리는 소리를 나는 등뒤로 들었다.

그녀는 부음을 받고 허둥지둥 달려온 사람의 의장衣裝이라기엔 너무 화려하고 사치스런 차림이었다. 번쩍거리는 반지며 귀걸이며 밍크 오버는 덮어 둔다 하더라도 그 찍고 문지른 짙은 얼굴 화장은 아무리 좋게 보려 해도 역겨울 따름이었다. 과연 그 여자다운 면모라는 생각이 들자, 이상한 혐오감이 내 가슴속을 자꾸 갉작거렸다.

"됐다. 대충 해둬. 울고 붙잡는다고 떠난 사람이 돌아와서 주저앉을 것도 아니잖녀." 장인어른이 나서서 고함을 질러대는 바람에 잠시 주저하고 있던 상여꾼들이 우르르 상여에 달라붙었다. 오종종하게 생겨먹은 오십대의 앞소리꾼이 요령을 딸랑딸랑 힘차게 흔들며 상여 앞으로 나섰다. '명사십리 해당화야 꽃이 진다 설워 마라.' '허어야 어허, 어허 넘자 어허야!' '명년 삼월 봄이 오면 너는 다시 피건마는.' '어허야 어허, 어허 넘자 어허야!' '우리 인생 한번 가면 돌아오기 어려워라.' '어허야 어허, 어허 넘자 어허야!' '황천길이 멀다더니 대문 밖이 황천일세.' 앞소리꾼의 늘어지면서도 끊어지는 듯한 처량한 선소리는 얼어붙은 대기를 뚫고 서서히 드높아 갔다.

처제가 달려가 울고 있는 아내의 귀에다 입을 대고 무슨 말인가를 일러주었다. 아마 내가 여기 와 있다는 말을 귀띔해 주는 모양이었다. 아내는 순간 울음을 뚝 그치고 할끔 돌아다보았다. 아내의 눈길과 내 눈길이 허공에서 잠시 맞붙었다가 재빨리 풀어졌다. 아내는 등뒤의 낯선 사내를 잡아끌다시피 하여 집 안으로 서둘러 들어갔다. '나는 가네 나는 가네.' '어허야 어허, 어허 넘자 어허야!' '대궐 같은 집을 두고 나는 가네 나는 가네.' '어허야 어허, 어허 넘자 어허야!' 상여는 드디어 비좁은 골목길을 꾸물꾸물 밀려나가기 시작했다.

 큰동서가 내게로 다가와 장지葬地까지 같이 갈 것을 권유했다. "물론이죠." 하고 대답했으나, 나는 얼른 발을 떼놓지는 않았다. "관둬! 인사는 무슨 놈의 인사야……" 장인어른이 누군가에게 화를 발끈 내면서 대문 밖으로 나서고 있었다. 기왕에 이렇게 된 거 인사는 받아 놓고 봐야죠, 어쩌고 하는 아내의 목소리가 다급하게 뒤따랐으나 장인어른은 두꺼운 오버를 입고 털목도리를 여미면서 한쪽 손으로는 대문 안을 향해 연방 홰홰 내저었다. 아내가 장인어른을 뒤쫓아 대문 앞으로 나서려다가, 나와 큰동서가 마주 서 있는 모습을 보고는 마치 불에 덴 듯이 도로 대문 안으로 사라졌다. "에이, 내 저렇게 뻔뻔스런 건 처음 보네." 장인어른은 짐짓 나를 피해 눈길을 돌리고는 누구에게랄 것도 없이 혼잣말처럼 내쏘면서 부리나케 상여를 뒤쫓아갔다. 상여는 어느새 주막거리를 지나 눈 덮인 큰길을 미적미적 나아가고 있었다.

 큰처형, 둘째동서, 둘째처형, 막내동서가 무리를 지어 과수원 쪽으로 난 논두렁을 타고 가는 모습이 보였다. 큰처형이 뒤를 돌아다보면서 나를 향해 빨리 따라오라는 손짓을 했다. "가세." 큰동서가 나의 한쪽 팔을 잡아끌었다. "내가 여기 나타나선 안 되는데…… 그렇죠?" "글쎄, 그 뭐……" 큰동서는 어물어물 대꾸하고는 별안간 앞서가는 사람들을 향해 소리를 빽 내질렀다. "어이, 같이 가자구!"

 나는 가끔 뒤를 돌아다보았다. 그러나 우리 뒤를 따르는 사람은 아무도 눈에 띄지 않았다. 상여는 사뭇 큰길을 따라가다가 산모퉁이로 접어들었다. 거기서부터는 펀펀한 밭과 목장이 이어졌다.

함박눈이 쏟아지기 시작한 것은 상여가 넓은 목장 한복판쯤 진입했을 때였다. 눈은 여름날 오후의 소낙비처럼 갑자기 펑펑 쏟아져 내렸다. 이어서 하늘이 새까매지는가 싶더니 사나운 바람까지 곁들여져 눈보라를 일으켰다. 너무나 갑작스런 눈보라여서 모두들 갈팡질팡했다. 내 양복 앞섶은 들이치는 눈송이가 덧묻어 순식간에 덕적덕적 얼어붙어 버렸다. 사람들은 숫제 돌아서서 바람을 등지고 뒷걸음질을 치고 있었다. 상여는 바람을 맞아 비틀걸음을 치면서 산비탈을 겨우겨우 기어올라갔다. 사람들은 갑작스런 날씨의 변덕에 혀를 차면서 수군거렸다. "요망스런 날씨 꼴을 보니, 그 사람도 어지간히 한恨이 많은 모양이야." "젊디젊은 나이에 육순이 넘은 아버지를 두고 가는데 왜 안 그렇겠어." 그런 소리를 듣고 큰처형이 말했다. "굿하겠다는 말도 일리는 있어." "그러게요. 남 보기에 꼴사납기는 해도, 살아 있는 사람이 좋다면야 도리없는 일이지요 뭐." 그렇게 받으면서 둘째처형은 숨을 헐떡거렸다. 어젯밤, 처남댁이 무당을 불러 집가심(진오귀굿)을 하고 싶다는 의견을 내놓았을 때는 어느 누구도 달가운 표정들이 아니었던 걸 나는 기억했다. 둘째처형의 경우 특히 그랬다. "지금이 어떤 세상인데 그까짓 미신을 믿고 무당한테 생돈을 들여. 돈이 썩어 나자빠진대도 난 그런 꼴 못 봐." 말한 사람이 무안해서 얼굴을 들 수 없을 정도로 쌀쌀맞게 쏴붙이지 않았던가.

묏자리에서 약간 아래쪽으로 치우친 골짜기에 솥을 걸어놓고 아낙네들이 떡국을 끓인다 막걸리를 데운다 야단법석이었다. 상여꾼들은 너나없이 뜨거운 국물과 술을 들이켜기에 정신이 없었다. "어이, 거 매제妹弟들도 이리 와서 한잔들 혀." "수염이 석 자라도 먹어야 양반이여. 추운데 별수 있간." "기럼기럼. 임자가 따로 있나, 먹는 놈이 임자지." "이리 와서 내 술도 한 잔 받소." "어잇 춥다. 해토머리에 이런 험악한 날씬 난생 첨 보겠구만." 이 사람 저 사람들로부터 얻어 마시는 바람에 나는 막걸리 대여섯 대접을 순식간에 비워냈다. 그 덕분에 얼어붙었던 몸이 어느 정도 풀리기는 했으나 대신 정신이 몽롱해 갔다.

눈발은 쉽게 멎을 기세가 아니었다. 격식이고 뭐고 따질 겨를이 없었다. 어린 상제들도 하관下棺하기가 무섭게 곡소리 몇 마디 형식으로 남겨 놓고는, 이것저것 깐깐하게 일손을 지휘하려 드는 장인어른과 함께 먼저 집으로 돌려보내졌다. "가세요. 가. 여기 일은 우리가 알아서 다 해놓을 테니까, 걱정 말고." 사람들은 말끝마다 오는 한식寒食 때 뒷손을 보기로 하고 오늘은 그저 형식이나 갖추고 말자는 태도로 일관했다. 그래서 시체는 마치 산골짜기에 아무렇게나 버려지는 게 아닌가 싶을 정도였다.

그럭저럭 봉분이 만들어질 즈음 가서는 희한하게도 그토록 사납게 내리퍼붓던 눈발이 수그러드는가 싶더니, 이윽고는 거짓말처럼 햇빛이 쏟아졌다. 그 사이를 이용해 모두들 하산下山을 서둘렀다. 처음에 나는 동서들과 일행이었다. 비탈길을 미끄러지듯 엉금엉금 기어서 큰길까지 내려가 보니 뜻밖에도 나는 혼자였다. 동서들은 아직도 산비탈 잔솔밭에서 굼싯굼싯 기고 있었다. 소나무 가지마다 올라앉은 눈꽃 위로 쏟아지는 햇빛이 눈부시게 반짝이고 있었다. 나는 뒷사람들을 기다리지 않고 빠른 걸음으로 마을로 돌아갔다.

상가집에는 먼저 산에서 내려온 사람들이 방마다 들어앉아 있었다. 안방은 아낙네들이 차지하고 있었는데 곁눈질로 슬쩍 훑어보았으나 아내는 보이지 않았다. 아내와 함께 나타났던 사내 역시 그 어디서도 눈에 띄지 않았다. 나는 처삼촌댁으로 건너갔다. 그러나 거기에도 아내와 사내는 보이지 않았다. 나는 처갓집과 처삼촌댁을 두 번이나 왔다갔다 했다. 그러다가 나는 문득 내 자신이 너무 초라해 보인다는 혐오감에 사로잡혀 버렸다. 그래서 뭘 어쩌자는 건데? 무슨 대책이 있어? 천치 바보야!

　나는 사촌처남 내외가 거처하는 방으로 들어갔다. 그 방 아랫목에는 이제 돌이 갓 지난 막내동서의 아이가 혼자 나비잠을 자고 있었다. 나는 그 천진스런 아이의 잠든 얼굴을 물끄러미 들여다보았다. 참으로 따뜻한 표정이어서, 그 얼굴을 들여다보는 내 가슴이 저절로 훈훈해지는 느낌이었다. 방바닥은 알맞게 자글자글 끓고 있었다. 밤새움을 해서만은 아니었을 것이다. 어쩌면 가시지 않은 취기 탓인지도 몰랐다. 얼어붙었던 몸이 난실난실 풀어지면서 급격히 졸음이 밀려들었다.

　나는 잠결에 머리맡에서 소곤거리는 소리를 들었다. "무슨 술을 저렇게 정신이 없도록 마셨을까." 처제였다. "술이라곤 비상처럼 여기던 사람이……" 둘째처형이 말끝에 혀를 찼다. "그게 다 셋째언니 때문이지 뭐." "올 테면 혼자나 살짝 왔다 갈 일이지 뭐 잘났다고 사내까지 끼고 오는지, 하여간 그년은 낯가죽도 어지간히 두꺼워." "셋째언닌 정말 못 말려." "그년 말하는 것 좀 봐. 사내 데리고 그만 먼저 떠나라니까, 지은 죄도 없는데 뭐가 무서워서 지가 도망치느냐 그러더라. 남의 가슴에 대못을 박아놓고도 그렇게 뻔뻔스러울 수 있으니…… 쯧쯧." "말은 그래도 은근히 겁은 나나 봐. 형부가 대문간에 들어서니까, 아 뜨거워라, 골방으로 도망치던걸 뭐."

　두 사람은 아마 내가 깊이 잠든 줄로만 알고 있는 것 같았다. 그들의 나직나직 속삭이는 소리를 계속 엿듣고 있기가 여간 거북한 게 아니었다. 나는 그들이 잠깐 입을 다물고 있는 사이를 이용해서 잠결인 체하며 몸을 뒤채었다. 그리고 나는 슬며시 눈을 떴다. 처제는 젖먹이에게 젖을 물리고 있었고, 둘째처형은 그 옆에 모로 누워 있다가 "이제 정신이 드우?"하며 일어나 앉았다. "아무리 깨워도 정신없이 주무시던데, 고단하셨던가 보죠?" 처제의 말에 나는 대답 대신 비시시 웃고 말았다. 어디선가 징소리가 딩딩 들려 왔다. "굿 시작했나 봐." 징소리에 귀를 기울이며 처제가 말했다. "우리도 가 봐요." "그깐 놈의 굿은 봐서 뭘 하니." 심통 사납게 말은 그렇게 하면서도 둘째처형 역시 어느새 엉거주춤 일어서고 있었다. 방문을 열고 나가면서 그녀가 말했다. "양서방은 여기 그냥 기세요. 내 가서 잡술 걸 좀 보내 드릴께."

 그들이 가고 나서 나는 잠시 혼자 앉아 있었다. 조금 있다가 나는 그들을 뒤쫓듯이 처갓집으로 건너갔다. 대문 안으로 들어서면서 나는 아내가 안방 문턱에 앉아 있는 모습을 보았다. 나는 안마당 그득히 들어차 있는 구경꾼들을 비집고 들어가 마루 끝에 엉덩이를 붙이고 앉았다. 잠시 후에 안방 문턱을 훔쳐보니 아내의 모습은 보이지 않았다.

 젯상은 사랑방에 차려져 있고, 그 앞에서 무당이 경經을 읊고 있었다. "꽃같이 피난 몸이 옥같이 자란 몸이, 육순 부친 생존이요, 어린 자식 남겨두고…… 터주님이 터 주시고 조왕님이 요 주시고, 산신님이 명 주시고, 미륵님이 돌보셔서……" 무당은 처남이 처음 태어났을 때부터 엊그제 죽을 때까지의 이력을 한도 끝도 없이 풀어 놓았다. 그러나 무당이 아무리 초혼招魂을 해도 내림대(신장대)를 잡고 있는 처남댁에게 도무지 혼백魂魄이 내리지 않았다. 참다 못한 무당이 마침내 짜증을 내고 말았다. "누구 다른 사람이 나와서 잡아 봐. 길닦음을 잘해야 자손이 편한 거여." 누군가가 "작은어머님이 잡으세요."하고 소리를 질렀다. "그래도 돼?" 처숙모가 엉거주춤 일어섰다. "아무나 해 봐." 무당이 다그치는 바람에 엉거주춤 망설이고 있던 처숙모가 처남댁으로부터 내림대를 이어받았다.

다시 한동안 요란스런 징소리와 함께 초혼경이 읊어졌다. 이윽고 처숙모의 손에 잡힌 내림대가 거짓말처럼 춤추듯 부들부들 떨기 시작했다. 그러자 무당이 말했다. "도대체 뭣이 못마땅해서 오십줄에도 들기 전에 이승을 떠났는지 여기 모인 가족들 앞에 소상히 말씀이나 해봐." 처숙모는, 아니 망인이 대답했다. "내가 뭘 따로 할 말이 있겠소. 그저 죄송할 따름이지요." "죄송하다니? 그래, 죄송하다면 뭐가 어떻게 죄송하단 말인가?" "육순이 넘으신 아버님을 뫼시지 못하고, 어린 자식들 두고 혼자 떠나는데 내 어찌 마음이 편하겠습니까." "알기는 아는구먼. 이승에 남은 한이 있다면 여기 가족들 앞에서 풀어. 가슴에 한을 남기지 말고……" "원통합니다." "원통해? 뭐가?" "원통하지요. 평생 속앓이를 하다가 길바닥에 넘어져 비명 횡사橫死했으니 원통하지 않을 사람 어디 있겠습니까." "앓는 사람이 몸조리는 안 하고 쏘다니긴 뭣 때문에 밤낮 바깥으로만 쏘다녔어?" 무당은 서슬 푸르게 나무랐다. "나야 뭐 내놓은 팔난봉 아니었소. 너무 나무라지 마시고 술이나 한 잔 주오." "술, 술, 그저 술이구먼." "어서 줘요, 목이 타서 못 견디겠네."

처남댁이 부엌에서 큰 놋대접에다 막걸리를 찰찰 넘치게 담아 들고 들어왔다. 술대접을 받은 처숙모는 다짜고짜 그것을 처남댁의 치마에다 홱 뒤엎으면서 벼락같이 소리를 내질렀다. "내가 언제 막걸리 마시는 거 본 적 있어? 소주 가져와!" 망인이 생전에 막걸리를 좋아하지 않았다는 것은 누구나 다 아는 사실이다. "역정 내지 말고 차근차근 말해 봐." 무당이 타일렀다. 처남댁은 질금질금 눈물을 짜면서 이홉들이 소줏병 하나를 들고 왔다. "술은 역시 소주래야지. 그까짓 막걸리야 싱거워서……" 처숙모는 병주둥이를 입에 대고 꿀꺽꿀꺽 들이켰다. "에그, 에그, 저걸 어째." 그 모습을 잠자코 지켜보고 있던 사촌처남댁이 기겁을 하면서 숨 넘어가는 소리를 내었다. 그것은 다른 사람들의 경우도 마찬가지였다. 진갑을 지낸 노인 양반이 이홉들이 소줏병을 단숨에 다 마신대서야 도저히 뒷일을 감당할 것 같지 않았던 것이다. 게다가 처숙모는 평소에 막걸리라면 어쩌다 한두 잔 입에 대는 경우는 있었어도 소주라면 한사코 마다 하던 분이었다. "거 정말 거짓말 같은 사실이네." "진짜 혼백이 내렸나 벼." 사람들은 귀엣말로 소곤거렸다.

소주 한 병을 다 마신 처숙모는 뜻밖에도 기분이 매우 흡족한 모양이었다. "크으, 거 술맛 한번 좋다. 기왕에 마시는 거, 한 병 더 주오." 처남댁은 질겁을 했다. "그만 마셔요, 여보. 당신은 평생 그놈의 술 때문에 신세 망친 분이잖아요. 술, 술, 술, 그놈의 술이 지겹지도 않으세요?" "닥쳐! 치마 두른 여편네가 감히 남정네 술 마시는 것까지 간섭하려 들다니, 이게 어디서 배워먹은 못된 버르장머리야. 냉큼 술 가져오지 못할까?" 처숙모는 노발대발하여 고래고래 고함을 내질렀다. "오빠는 살아 기실 때도 그렇게 언니 속을 썩이더니만 죽어서도 그 버릇 못 고치셨수?" 큰처형이 치맛자락으로 눈두덩이를 훔쳐내면서 항의했다. "애미야, 니한테는 내 따로 할 말이 있으니까 잠자코 앉아 있거라." 처숙모는 의외에도 순순히 타이르고 나서 또 다시 술을 가져오라고 부득부득 고집을 부렸다. "달라는 대로 어서 갖다 줘. 그 사람이 고까짓 술로 순순히 물러설 것 같애?" 무당이 처남댁에게 호령했다. 처남댁은 마지못해 또 한 병의 술을 가져왔다. 처숙모는 이번에도 병째 마시려고 덤비었다. "저러다 노인양반 잡겠네 그랴." 구경꾼들 중에서 누군가가 혀를 차면서 안타까운 소리를 내었다. 그러자 사촌처남이 별안간 사랑방으로 우르르 뛰어들더니 다짜고짜 처숙모의 손에서 술병을 낚아채었다. "어머닌 이리 나오시요." 처숙모를 강제로 끌어내었다. 내가 사랑방으로 뛰어들어 내림대를 움켜잡은 것은 바로 그 순간이었다.

"까짓 거 뭐 내가 잡겠소." 나는 바지 주머니에서 손에 짚히는 대로 돈을 꺼내어 젯상 위에다 던져놓았다. 무당은 젯상 위의 돈이 얼마나 되는가를 눈어림으로 재빨리 더듬으면서 다시금 경을 읊고 징을 쳐댔다. 여러 사람의 시선이 내 몸 구석구석에 화살처럼 날아와 꽂힌다는 사실을 나는 충분히 알아차렸다. 내 몸뚱이는 마치 불 속에 뛰어든 것처럼 화끈거렸다. 나는 정신없이 내림대를 드립다 흔들었다. 그렇다. 분명히 나는 내 정신이 아니었다. 머릿속이 지끈지끈 아팠고, 그리고 온몸이 둥실둥실 떠오르는 것도 같았다. "할 말이 있으면 어디 차근차근 얘기혀." 무당은 흔들리는 내림대와 내 얼굴을 찬찬히 뜯어보면서 말했다. 나는 슬그머니 일어나 대청마루로 나섰다. 모두들 숨을 죽인 채 나의 거동 하나하나를 뚫어지게 지켜보고 있었다.

나는 이마에 진땀이 미적미적 배어나고 있었다. 그러나 이미 내 친걸음이었다. 나는 아이들(상제)의 이름을 불러가며 그 아이들이 응답을 할 때마다 할아버지 말씀 잘 들으라는 둥, 공부 열심히 하라는 둥, 의례적인 몇 마디를 되는 대로 주워삼켰다. 그리고 나는 큰처형을 찾았다. "내 아까도 너한테 할 말이 있노라고 했다만……" 이 무슨 날벼락인가 하여 어안이 벙벙한 눈치였지만, 그러나 큰처형은 이내 다소곳이 고개를 숙이었다. 나는 입술이 바싹바싹 타들어가는 것 같았다. "여자는 출가 외인이라고들 하지. 하지만 친정에 자식이 없으면 딸이 그 자식 노릇을 대신해야 옳은 게야." "알고 있어요. 다 알고 있으니께 걱정 말아요." 큰처형은 홰홰 손사레까지 치면서 피시시 웃었다. "웃지 마라. 오래비 말에 웃기는……" 나는 가볍게 눈을 부릅떠 보였다. 큰처형은 찔끔 목을 움츠렸다. "그저 너만 믿는다."

그리고 나서 나는 큰처형 옆에 앉아 있는 둘째처형의 손을 슬그머니 잡았다. "내 참……" 둘째처형은 잡힌 손을 빼려고 앉은걸음으로 슬금슬금 물러앉았다. "그러지 말고 이리 좀 나앉거라." 나는 그녀의 작고 귀엽게 생긴 손등을 토닥토닥 다독거렸다. "너는 남편 하나 기가 막히게 잘 만난 줄 알아라. 그 사람은 법 없어도 살 수 있는 호인이야. 너도 그 점은 인정하지?" "나 참 듣다 듣다 별소릴 다 듣겠네." 그녀는 혀를 차면서도 입은 헤벌어졌다. "여자란 뭐니뭐니 해도 남편복이 제일이다." "누가 그걸 모르우?" "안다니 다행이다. 난 네가 늘 염려스러웠다." "나 참, 지가 어때서요?" "말이 났으니 하는 말이지만, 넌 성미가 불칼 같아서 파르르 떨 때 보면 물불이 없었지. 내 말이 그른 말이냐?" "나 참, 듣다 듣다 별소릴 다 듣겠네." 그녀는 발끈 성을 내기는 했으나 그러는 자신이 오히려 쑥스럽게 여겨졌는지 이내 피식 웃고 말았다. "제 걱정은 마시고 오빠나 저승에 잘 가셔서 원寃 없이 극락 영생 하세요." 말끝에 그녀는 치마폭으로 눈시울을 훔쳐냈다. "고맙다. 넌 그래도 싹싹하기나 하지, 셋째는 그게 뭐냐. 그년이 어디 사람이니?"

큰처형도 둘째처형도, 아니 모두들 눈이 휘둥그래졌다. "양서방, 그 사람이 워낙 좋은 사람이기에 망정이지, 그렇잖음 그년은 제 명

命대로 못 살 년이다." 나는 대담하게 여러 사람을 둘러보았다. 큰 동서 옆에 앉아 벽에다 등을 기댄 낯선 사내는 시종 커다란 눈을 끔벅거리고 있었다. "내 정말 창피해서 얼굴 들고 나다닐 수 없었구나. 그년 지금 어딨느냐? 내 좀 보자 해라." 나는 한숨을 쉬면서 주먹으로 가슴을 쳐보였다. 그러나 아내는 나타나지 않았다. 사람들이 뭐라고 귀엣말로 수군거렸다. "저 사람이 셋째사위야." "원래 무당 아들이었대." 나는 아드득 이를 갈았다. "셋째 어딨느냐? 냉큼 내 앞에 나오라고 일러라." 나는 버럭버럭 고함을 지르면서 내림대를 사납게 흔들어댔다. 그러나 아내는 여전히 그 모습을 드러내지 않았다.

 나는 주적주적 춤을 추기 시작했다. 내가 별안간 춤을 추기 시작한 것은 아내가 기어이 나타나지 않을 경우 그녀를 찾아 온 집안을 샅샅이 뒤져 볼 요량이었다. "알지? 셋째 그년 말이야. 그 잡년은 남편과 주렁주렁 매달린 자식새끼를 길바닥에다 내팽개치고, 살던 집까지 팔아 가지고 지 좋아하는 사내놈과 도망친 년이다. 아니, 그런 나쁜 년이 세상 어디에 또 있겠니." "저어기 그건 그런 게 아니고……" 둘째처형이 뭔가 변명을 하려고 앞으로 나섰다. 그러나 나는 그녀의 말을 차갑게 외면해 버렸다. "어디 그뿐인 줄 아니? 그년이 새로 얻은 서방놈한테 뭐라고 그랬는지 넌 모르지? 남편은 결혼하던 이듬해에 죽었고, 자식은 숫제 낳아 본 적도 없다고, 입술에 침도 안 묻히고 새빨간 거짓말을 했단다. 세상에 그런 못된 년이 어딨니. 그년 낯짝이나 좀 보자. 내 그년 안 보고는 저승으로 못 떠난다." 그러나 아내는 나타나지 않았다. 이제 어떻게 한다? 내친걸음이었다. "그 미친년, 당장 찾아와. 뭘 꾸물거리는 거야? 머리채라도 휘어잡아서 끌고 오라니까." 나는 고래고래 고함을 질러댔다.

"뭐가 어쩌고 어째? 미친년? 어머나, 이런 미친놈……" 비로소 안방에 숨어 있던 아내가 눈에 쌍심지를 달고 문턱에 모습을 드러냈다. "어라, 이년이 오라비한테 하는 말버릇 좀 봐라. 뭐 미친놈?" 나는 아내 앞으로 다가섰다. 사람들이 웅성웅성 떠들기 시작했다. 무당이 치는 징소리도 그 때는 이미 멎어 있었다. "이년아, 너도 사람의 낯가죽을 덮어썼으면 사람 노릇 좀 해 봐라. 너도 인간이냐?" 아내가 낯선 사내를 향해 소리쳤다. "여보, 이 따위 거지같은 놈을 보고도 당신은 그렇게 잠자코 구경만 할 작정이에요?" 아내는 발을 동동 굴렸다. 다음 순간, 사내는 잘 길들여진 사냥개처럼 발딱 일어섰다. 사내의 늠름하고 당당한 체격을 보는 순간, 나는 가슴이 철렁 내려앉았다. 하지만 나 역시 순순히 물러설 수는 없는 처지였다. "어라. 이 년놈들이 이젠 지 오라비까지……"

사내의 한쪽 손이 허공을 긋는 순간, 나는 넉장거리로 나동그라지고 말았다. 나동그라진 나의 멱살을 사내는 다시 움켜잡고 힘껏 들어올렸다. 나는 두 눈을 부릅뜨고 소리쳤다. "너 이놈, 넌 도대체 웬 놈이냐? 이거 당장 놓지 못하겠느냐? 아니, 이놈이 그래두……?" 나의 작은 몸뚱이는 사내의 억센 손아귀에 매달린 채 볼썽사납게 버둥거렸다. 사내는 조금도 서두르지 않고 꾸부정하게 허리를 굽혀 내 눈을 뚫어지게 들여다보았다. 그리고 나직이 외쳤다. "너 죽고 싶냐?" 나는 숨이 막혀 더 이상 입을 벌릴 기력이 없었다. "요런 싸가지없는 새끼는 그냥……!" 사내는 태권도 선수가 기왓장 격파술 시범을 보일 때처럼 오른손으로 나의 왼쪽 어깨를 힘껏 내리쳤다. 나는 물 먹은 종이처럼 스르르 까라지고 말았다. 그러나 나는 이를 악물고 내림대만은 굳게 움켜쥐고 있었다. 마치 그것이 내가 지켜야 할 마지막 보루이기나 한 것처럼.

단편소설 대표작

이명耳鳴

1

하기석은 창가에 새로 마련된 그의 책상 앞에 앉아, 의자 등받이 깊숙이 몸을 밀어 넣고 가만히 눈을 감았다. 커튼 사이로 스며드는 햇볕이 알맞게 따뜻했고, 새로 사들인 회전의자도, 마치 새 옷으로 갈아입었을 때처럼 다소 어색하고 불편한 느낌이 전혀 없지는 않았지만, 그의 작은 체구를 그럭저럭 안락하게 받아들였다.

점심식사를 마친 직원들이 하나 둘 사무실로 돌아와 응접소파에 둘러앉았다.

"뭐니 뭐니 해도 부사장님이 안됐어. 그 어른으로 말하자면 자타가 인정하는 창업공신인데 말이야."

"나이 많은 구세대는 무조건 퇴출 감으로 점찍었다는 거야. 사람이 그러면 못쓰지. 저는 뭐 생전 나이를 안 처먹을 건가?"

어제 오늘 입이 아프게 내내 떠들어 온 불평의 연장이었다. 하기석은 지칠 줄 모르는 그들의 수군거림에는 이맛살이 절로 찌푸려졌다. 적어도 부회장 자리는 따 놓은 당상이라고 기대를 모았던 부사장이 허울뿐인 고문으로 밀려난 데 대한 동정론은 이해 못할 바가 아니었다. 그러나 그들이 겨냥하고 있는 질시의 표적이 사실은 따로 있다는 사실을 하기석은 잘 알고 있었다. 사장을 입에 올려 중구난방으로 난도질하는 그들의 방자한 입방아가 못마땅해서도 아니었다. 당당하게 앞에 나서지는 못하고 뒷구멍에서 끊임없이 수군거리는 그들의 비겁한 태도에 하기석은 넌덜머리를 내고 있었다. 이미 내려진 판정에 대해 번복을 강요하면서 링을 점령하고 볼썽사나운 추태를 다 부리는 패자의 트레이너를 지켜볼 때와 흡사한 연민의 정이 솟구쳐 올랐다.

그가 정체불명의 귀울림耳鳴을 자각한 것은 바로 그 순간이었다. 갑자기 눈앞이 흐려지고 어깨가 무거워지면서 손바닥으로 양쪽 귀를 힘껏 틀어막았을 때에 나는, 바닷가 솔바람 소리 같기도 하고, 전동차 바퀴 구르는 소리 같기도 하고, 어쩌면 그 두 가지 소리를 한데 버무린 듯한 귀울림이 우렁우렁 그의 머리 속을 어지럽게 헤집고 있었다.

하기석은 팔을 뻗어 책상 모서리를 힘주어 잡고 천천히 숨을 깊이 들이마셨다. 그리고 눈길을 돌려 응접소파에 둘러앉아 이야기를 주고받고 있는 직원들을 물끄러미 바라보았다. 계속되는 귀울림 외에는 아무 소리도 들리지 않았다. 하기석은 마치 무성 영화의 한 장면을 보는 것 같았다. 그는 도로 의자 등받이에다 깊숙이 등을 기대며 숨을 죽였다.

"어머나, 하 선생님."

경리과 민세영이었다.

"네?"

"얼굴이 몹시 창백해 보여요. 어디 편찮으세요?"

하기석은 마치 수음을 하다가 들킨 사람처럼 우는 것도 아니고, 웃는 것도 아닌 애매하고 야릇한 표정으로 그녀를 바라보았다. 오며가며 주책 맞는 소리를 내뱉다가 남자 직원들에게 곧잘 핀잔을 먹기 일쑤인 그녀가 상대방 나름의 곤란한 속사정을 헤아려 줄 리 없었다.

"옳아, 주무셨구나."

"……"

"그렇죠? 근데 왜 얼굴이 새빨개지세요?"

"……"

"점심 식사 후에 잠깐씩 조는 건 건강에 이롭대요. 점심시간 끝나자면 아직 이십 분이나 남았어요. 더 좀 주무세요."

응접소파에 둘러앉아 있던 사람들이 호기심 어린 눈길로 그런 하기석과 민세영을 힐끔힐끔 돌아다보았다. 가뜩이나 긴장하고 있던 뒤끝이라 하기석은 자신도 모르게 당황했다. 그는 민세영을 잠깐 쏘아본 다음 말없이 자리에서 일어나 사무실 출입문을 열고 복도로 나섰다. 무작정 뛰쳐나오기는 했으나 갈 곳이 마땅찮았던 그는 엉겁결에 화장실로 뛰어 들어가 거울을 들여다보았다.

"어, 자넨가."

그는 언뜻 떠올랐다가 사라지는 거울 속의 얼굴을 보았다. 뜻밖에도 사장이었다. 하기석은 이마에 배어나는 끈적한 식은땀을 손등으로 분주히 훔쳐내면서 사장을 향해 돌아섰다. 사장은 소변대 앞에서 사추리를 헤집으며 삐딱하니 담배를 꼬나문 두꺼운 입술에 야릇한 미소를 언뜻 지어 보였다. 가볍게 고개를 숙여 보이는 하기석에게 사장은 말했다.

"어때, 할 만해?"

"응."

하기석은 어물어물 대꾸했다.

"나 하 부장한테 기대가 크다구. 알지?"

볼일을 마친 사장은 아까처럼 하기석의 한쪽 어깨를 툭 치면서 화장실 밖으로 뚜벅뚜벅 걸어 나갔다. 사장의 뒷모습을 망연히 지켜보면서 하기석은 자신도 모르게 자못 송구스런 표정을 짓고 말았다. 입사 육 개월 만에 일약 총무부장으로 승진했다. 아무도 예상하지 못했던 초고속 승진이다. 자지러지는 시늉이라도 해 보였어야 옳았을까. 하기석은 어이없게도 잔뜩 주눅이 들어 있는 초라한 자신을 발견하고 당황했다.

2

하기석은 바지주머니에 양손을 찌른 채 유리창을 통해 바깥 풍경을 물끄러미 내다보았다. 종묘의 우거진 나목이 한결 밝아 보였다. 며칠 전까지만 해도 이 시각이면 짙은 어둠 속에 잠겨 있던 숲이 아니던가. 입춘 지난 지가 엊그제 같은데, 어느새 해가 눈에 띌 정도로 길어졌다는 사실을 하기석은 피부로 실감할 수 있었다. 그러고 보면 하기석이 유림산업에 입사한 지도 어느덧 육 개월을 넘어서고 있었다.

"여태 퇴근 안 하셨소?"

소리에 놀라 돌아다보니, 서운배가 출입문 앞에 서 있었다.

"아, 예. 어쩐 일이십니까?"

"가다가 생각해 보니까 뭘 깜빡 잊은 게 있어서요."

서운배는 자기 책상 앞으로 다가가더니, 서랍을 열고 무엇인가를 꺼내 호주머니에 집어넣었다.

"지금 실장님을 기다리십니까?"

"아, 아닙니다."

잡아떼기는 했으나 공연히 얼굴이 뜨거웠다. 시계를 보니 어느새 일곱시 이십분이었다. 유종민이 사무실에 다시 나타난다는 보장도 없을뿐더러 그를 꼭 만나야 할 무슨 긴급한 용무가 있는 것도 아니었다. 그러나 이제나 저제나 유종민의 연락을 기다리고 있었던 것은 사실이다.

"별일 없으시면 같이 가십시다. 지금 우리 부서 직원들끼리 전주집에서 한잔 하고 있는 중입니다."

그러고 보니 서운배의 눈자위가 약간 붉어 보였다.

"제가 중간에 참석해도 괜찮겠습니까?"

"괜찮다마다요. 같이 가십시다, 하 부장."

서운배가 그의 팔을 잡아끌었다. 내키지는 않았지만, 나이 많은 사람의 호의를 뿌리칠 수도 없는 노릇이었다.

전주집은 회사 정문에서 그다지 멀지 않은 곳에 위치하는, 유림산업 기획실 겸 총무부 직원들이 자주 찾는 작은 술집이었다. 거기에 이석진, 양호일, 장기목, 김인식 등이 진을 치고 앉아 있었다. 하기석이 술청 안으로 들어서자 모두들 의외라는 눈길로 힐끔힐끔 쳐다보았다. 김인식이 엉덩이를 움직여 자리를 조금 내주었다. 하기석은 그가 내어 주는 자리에 끼어 앉았다.

"여태 사무실에 있었어?"

장기목이 술잔을 하기석에게 건네었다. 하기석은 이번에도 소리 없이 웃으며 머리만 조금 끄덕였다.

"출세하는 사람은 뭐가 달라도 다르다니까."

비웃듯이 말한 사람은 이석진이었다. 그냥 던져 보는 농담이 아니라, 남의 속을 긁어 부아를 돋우려는 야비한 저의가 숨어 있는 어투가 분명했다. 어찌 보면 정신이 말짱해 보이기도 했고, 또 어찌 보면 이미 주량을 넘어선 것도 같아 보였다. 그러나 하기석은 그런 이석진을 잠깐 마주 바라보았을 뿐 잠자코 외면해 버렸다.

"그 다음에 어떻게 되었지?"

양호일이 김인식을 향해 재촉했다. 하기석이 나타나는 바람에 일시 중단되었던 이야기를 계속하라는 뜻이었다.

"내가 어디까지 이야기했지?"

"새까만 후배 자식이 부장 불알을 물고 늘어졌다고 했잖아."

"그래, 그래."

김인식은 어투를 가다듬었다.

"어제 그저께 온 이 새까만 후배 자식이 동료 직원들의 눈총에 아랑곳없이 죽자 살자 부장님 불알만 노골적으로 잡고 늘어진 거야. 그러니 동료 직원들이 마냥 이쁘게 보아 줄 수가 없지. 너 이 자식 어디 한번 두고 보자, 하고 기회를 엿보면서 잔뜩 벼를 수밖에."

그 말을 이석진이 이렇게 맞받았다.

"치사하고 더러운 놈. 나 같으면 그딴 자식은 눈알에서 불이 번쩍 나도록 한방 갈겨놓고 보겠어."

이석진은 별명이 샌님이다. 말을 아무렇게나 하는 사람도 아니었고, 술자리에서 함부로 시비를 거는 사람도 아니었다. 평소의 그는 수줍음이 많은 사람인데, 그날따라 수줍어하는 기색도 없어 보였다. 역시 주기가 제법 올라서 그런 모양인가. 술자리가 고역스럽게 여겨지고, 분위기가 묘하게 돌아간다 싶었으나 하기석은 애써 눌러 참으며 눈짓으로 김인식에게 슬쩍 물어 보았다. 저 친구 왜 저러는 거야? 그런데 김인식이 뭐라고 대답하기 전에 이석진이 불쑥 언성을 높였다.

"지금 말이야. 상사 불알만 잡고 흔들어서 출세한 어떤 개자식 이야기를 하고 있던 중이야. 알아? 더럽고 치사한 놈. 오나가나 물 흐려놓는 그딴 개자식들 때문에 술맛이 안 난다니까. 내 말이 무슨 뜻인지, 하 아무개 형은 알고 있겠지, 응?"

그 말에 모두의 시선이 자기 얼굴로 밀려든다는 것을 하기석은 알았다. 대놓고 못마땅한 표정을 지을 수도 없어서, 그저 뻐덩뻐덩한 심정으로 고역을 감수하기로 그는 마음먹었다.

"글쎄……"

일단 한 발 물러섰다. 그의 애매한 대답에 이석진이 이번에는 마치 그런 기회를 노리고나 있었던 듯 대뜸 삿대질을 하면서 버럭버럭 고함을 질러댔다.

"글쎄? 글쎄라니? 뭐 이런 개자식이 다 있어. 야, 임마. 너 여기가 어딘 줄 알고 함부로 까부는 거야?"

너무 갑자기 당하는 기습에 어떻게 응수해 볼 사이도 없었다. 당사자인 하기석은 정작 어처구니가 없어 가만 있는데, 놀란 서운배가 그들 사이로 황급히 끼어들었다.

"왜 이래? 이 형. 지금 취했어?"

그러나 이석진은 막무가내였다.

"과장님도 보셨죠? 이 자식이 건방지잖아요. 글쎄라니. 어디서 굴러먹던 못된 버르장머리를 여기 와서 함부로 써먹어? 건방진 자식 같으니라구. 너 잘난 체하지 말란 말이야!"

여차하면 주먹을 휘두를 기세였다. 하기석은 애써 눌러 참으면서 지그시 눈을 감았다. 그러나 그것은 잠시였다. 차제에 본때를 보여 주고야 말겠다는 듯 그는 기어이 자리를 박차고 일어섰다.

"개자식? 어디 다시 한번 지껄여 봐."

서슬에 놀란 이석진이 대번에 꼬리를 살짝 내려감았다.

"미안하다. 내가 잘못했다."

그러나 다음 순간, 눈 깜짝할 사이에 재떨이가 허공을 핑 날았다. 이석진이 날린 재떨이는 다행히 표적에서 빗나갔다. 하기석은 자신의 귀를 스쳐 지나간 재떨이가 맞은편 벽에 부딪혀 산산조각이 나는 것을 보았다. 숨이 가빠지면서 온몸의 피가 머리로 솟구쳤다. 이석진이 다음 동작으로 자기 앞에 놓여 있는 술잔을 집어들고 있었다. 자리에서 일어선 하기석은 오른발을 들어 그의 머리를 짓이기듯이 힘껏 걷어차 버렸다.

"아이고오!"

이석진이 비명을 내지르며 나동그라졌다.

3

신고를 받고 달려온 방범대원에 의해 파출소로 끌려가 당직 소장으로부터 창피 막심한 일장 훈시를 듣고, 새벽 한 시를 넘겨서야 그들은 겨우 풀려났다. 횡단보도 신호등 앞에서 이석진이 부어오른

눈두덩을 어루만지며 하기석에게 응석 섞인 어투로 이렇게 말했다.
"여기가 자꾸 시큰거리는데 뭐가 잘못됐는지 자세히 좀 봐 줘. 어째 갑자기 영화배우 뺨쳐 먹고도 남을 미남이 되어 있는 기분인데, 자네 눈에도 내 얼굴이 그렇게 잘나 보이나?"
"그래. 보기 좋은데 뭐. 기념 삼아 사진 한 장 박아 두는 것도 괜찮겠어. 누구 카메라 가지고 있는 사람 없나?"
그러고 있는데 신호등이 바뀌었다.
"그럼 나 먼저 갑니다."
서운배가 손을 들어 보이고 먼저 횡단보도를 건너갔다. 그의 꾸부정한 뒷모습을 하기석과 이석진은 물끄러미 바라보았다.
"서 과장이 정말 안됐어. 이번에는 반드시 승진되리라고 믿고 있었던 눈치던데, 아마 충격이 꽤 클 거야. 언제 기회 봐서 단둘이 조용히 만나 위로주라도 한잔 사라구."
"알았어."
마침 빈 택시가 그들 앞에 와서 멈추었다. 이석진이 차에 오르기 전에 속삭이듯이 이렇게 말했다.
"이런 말을 하면 어떻게 생각할는지 모르겠지만 사실 나는 하 형한테 유감이 있었던 건 아니야. 유감은커녕 하 형이 이번에 부장으로 승진된 걸 마음속으로는 축하하고 있었어."
"고마워."
"하지만 당분간 신경 좀 써야 할 거야. 솔직히 말해 직원들 분위기가 심상찮거든. 특히 서 과장한테…… 내 말 알아듣겠지?"
이튿날 아침, 하기석은 여느 때와 다름없이 아홉시 오 분 전에 회사에 도착했다. 그는 사무실로 들어서면서 그 때까지 비어 있는 이석진의 자리를 보았다. 그의 모습은 어디에도 보이지 않았다. 그런데 그의 자리만 비어 있는 것이 아니라 서운배의 자리도 마찬가지였다.

결재철을 든 유종민이 나타나서 비어 있는 두 자리를 발견하고는 곧장 하기석에게 다가왔다.

"저 사람들 오늘 결근인가요?"

유종민은 이석진과 서운배의 책상을 턱으로 가리켰다. 하기석은 대답 대신 고개를 두어 번 끄덕였다.

"무슨 연락도 없었어요?"

"아직 아무 연락도 못 받았습니다."

유종민은 눈살을 살짝 찌푸렸다. 한 사람도 아니고 두 사람이 한꺼번에 아무 연락도 없이 결근을 했으므로 기분이 좋을 리는 없을 터였다.

"정신 상태가 글러먹었군. 지금이 어느 땐데 아무 연락도 없이 멋대로 결근을 해요? 집에다 연락해 봐요."

유종민은 하고 싶은 말을 참고 견디는 기질이 아니었다. 다혈질에다 직선적이었다. 그는 자기 자리로 돌아가다 말고 걸음을 멈추었다.

"필요 없어요. 전화 걸지 말아요!"

다이얼을 돌리려던 하기석은 송수화기를 도로 얼른 내려놓았다. 그는 오전 내내 불안하고 우울했다. 사무실 문이 열릴 때마다 그는 혹시나 싶어 곁눈질을 멈추지 못했다. 전화벨이 울릴 때도 그들에게서 연락이 온 것이 아닌가 하여 긴장했다. 서운배의 경우라면, 이래저래 기분이 안 좋아 집에서 하루쯤 쉬고 싶기도 하겠지만, 이석진은 또 어찌된 노릇인가. 볼썽사나운 주먹다짐을 벌였다고는 하지만 마지막 순간에는 분명히 웃고 헤어지지 않았던가.

점심식사를 하러 나가기 직전이었다. 인터폰을 받은 사환아이가 수화기를 하기석에게 넘겨주었다.

"약속 있나?"

사장이었다.

"아니, 없습니다."

"그럼 이리 올라와."

이쪽 대답은 기다리지도 않고 인터폰이 일방적으로 끊어졌다. 입사 이래 처음 있는 일이었다.

비서가 열어 주는 문을 통해 하기석이 사장실로 들어섰을 때, 사장은 양쪽 팔을 뻗어 등받이 위에다 올려놓고 나른하게 기대 앉아 있다가 팔을 내리면서 자세를 조금 고쳐 앉는 시늉을 했다.

"어서 오게."

입사하던 날 인사차 한번 들른 이래 첫 방문이었다. 한꺼번에 십여 명을 몰아넣은 기획실 겸 총무부 사무실보다 더 넓은 방이었다. 사무실의 집기 역시 너무 으리으리해서 눈이 부셨다.

"별일 없지?"

하기석은 간밤에 일어났던 불상사를 문득 떠올렸다. 누군가가 사건의 전말을 날조하여 벌써 고해 받쳤을지도 모른다는 불안감이 솟구쳤다. 사장한테 직접 고하지 않았다 하더라도 유종민을 통하면 얼마든지 가능한 일이었다. 유종민이나 사장이 이미 사건의 전말을 알고 있으면서 하기석의 태도를 지켜보고 있는지도 모를 일이었다. 아니다. 지난밤의 구타 사건이 아니라, 어쩌면 그동안 은밀히 추진해 온 안양공장 노동조합 결성 음모설이 누설된 것은 아닐까. 하기석은 이래저래 좌불안석이었다.

그러나 그는 일단 시치미를 뗐다.

"별일 있을 것도 없지 뭐."

"그래야지."

사장은 필요 이상으로 호탕하게 소리 내어 웃었다.

"점심이나 같이 한번 해야겠다는 생각은 진작부터 하고 있었지만 도무지 틈이 없네."

"그렇지 뭐."

하기석은 어물어물 대꾸는 하면서도 자신의 말투에 자꾸 신경이 쓰였다. 아무래도 어색했다. 어느 경우가 공적이고, 또 어느 경우가 사적이란 말인가. 하기석은 그 구분이 애매했다. 물론 하나의 기준은 나름대로 마련해 놓고 있었다. 회사 안에서의 일은 무조건 공적인 일로 간주한다는 방침이 그것이었다. 그러나 이런 식으로 단둘이 마주 앉고 보면 그 기준이 역시 애매하고 부자연스러웠다. 이 회사에 입사하기 전에는 도저히 상상할 수 없던 일이었다. 고등학교 동기동창이라는 막역한 존재로서만 대할 수 없는 것이 하기석의 입장이었다. 그러나 지금까지 해오던 오랜 말버릇이 하루아침에 고쳐지지가 않았다. 우선 말끝마다 따라붙는 반말투가 그랬다. 물론 사장에게도 책임이 없는 것은 아니었다. 사장 자신이 하기석을 대할 때마다 한번도 말을 높여 본 적이 없었던 것이다.

"기석아."

"응?"

"하는 일은 재미있어?"

"이제 한창 배우는 중이야. 열심히 해야지."

사장은 고개를 끄덕였다.

"나도 마찬가지야. 아버님께서 살아 계실 때는 시키는 일이나 잘 보좌해 드리면 그만이었는데, 이제부터 모든 책임을 나 혼자 져야 한다고 생각하니까 신경 쓰이는 일이 한두 가지가 아니더라구. 밤에 잠이 잘 안 와."

사장의 아버지인 김용갑 회장이 심장마비로 갑자기 세상을 떠났을 때였다. 하기석은 초상집에서 내리 사흘을 붙어 살았다. 취직자리를 얻어내려고 친구에게 아첨한 것은 결코 아니었지만 우연찮게도 결과는 그렇게 되고 말았다.

"너 요즘 놀고 있다면서? 우리 회사에 들어와."

"느이 회사?"

하기석은 피식 웃어 버렸다.

"싫어?"

"싫다기보다는 어쩐지 이상하잖아."

"뭐가?"

"너는 사장인데, 나는 그럼 뭐가 되는 거야?"

"너는 어디까지나 평사원이지. 아무리 가까운 친구라고는 하지만 사장자리를 너한테 넘겨 줄 수는 없잖니."

"그건 그래. 하지만 그럴 듯한 직책 하나는 줘야지. 하다못해 부장자리 정도는……"

물론 농담이었다.

"까불지 마. 우리 회사가 변두리 구멍가게인 줄 아니? 일단 들어와서 밑바닥부터 차근차근 다져나가라구."

"하여간 생각해 보자."

그러나 실제에 있어서 그는 다시 생각하고 자시고 할 처지가 아니었다. 전 직장에서 노동쟁의에 앞장섰다가 파면당한 이래 이력서를 써 들고 연줄이 닿는 곳은 죄 찾아다녀 보았으나 번번이 허사였다. 저 자식은 조심하는 게 좋아. 학교 다닐 때부터 데모꾼으로 이력이 붙은 놈 아니겠어. 세 살 적 버릇 여든까지 간다고, 그 버릇 어디 가겠나. 사회에 나와서도 제 잘난 척하다가 스스로 모가지를 날린 놈이라구. 저 자식은 꽃밭 속에다 방석을 깔아 줘도 무슨 꼬투리를 잡아내려고 눈을 까뒤집고 앞에 나설 못된놈이라구. 그런 착란과 오해 속에서 무려 오 년이나 백수로 빈둥거려야 했다. 돌이켜보면 그는 지난 오 년이 악몽이나 다름없었다.

"가만히 앉아 있어도 달이 가고 해가 바뀌면 승진이 되고, 따라서 저절로 월급도 오르게 마련인 사람들이 우리 회사에는 너무 많아. 거의가 돌아가신 아버님과 연줄이 닿은 사람들이지. 나는 그게 불편해. 장기근속자라 해도 능력이 없는 사람은 자연스럽게 도태돼야 하는 제도적 장치가 필요하단 말이야."

"장기근속자가 많다는 건 다른 한편으로 생각해 보면 회사가 그만큼 안정이 되어 있다는 증거 아니겠어? 니가 생각하기에는 오히려 자랑스런 자산資産이 될 것 같은데."

그러나 사장은 단호하게 머리를 가로저었다.

"돌아가신 아버님께서도 지금 자네가 한 말과 비슷한 말씀을 곧잘 하셨지. 하지만 그게 아니야. 직장생활을 오래 하다 보면 타성에 젖어서 요령들만 부릴 따름이지 일은 죽어라고 안 해."

"땀을 뻘뻘 흘린다고 해서 반드시 열심히 일한다고는 볼 수 없지 않을까. 요령이 붙으면 굳이 땀을 흘리지 않아도 많은 일을 해낸다구. 이게 신입사원과 고참사원의 차이 아니겠는가?"

"말 잘했어. 그런데 고참사원들이 몸을 아끼지 않고 땀을 뻘뻘 흘리며 일을 했다고 가정해 보라구. 땀을 흘리지 않고 요령껏 일했을 때와 비교해 보면 굉장한 차이가 나지 않겠어? 그럼에도 다들 능력을 발휘하지 않아. 나는 바로 그 점이 불만이야. 우리 아버지는 누구 못지않은 재벌기업을 만들고도 남았을 분이야. 그런데 어째서 이 정도에서 머물렀는지 아니? 참모를 잘못 만난 탓이야. 과감하고 의욕적인 참모를 만났더라면 아마 지금쯤은 굉장한 재벌기업이 되고도 남았을 거라구."

하기석은 입을 다물었다.

"이번 인사이동은 우리 회사 창립 이래 처음 있는 일대 혁명이라 해도 지나친 말이 아닐 거야. 모르긴 하지만 아마 꽤나 놀랐을 거야. 제거돼야 할 인물들은 일찌감치 제거돼야 한다는 것이 나의 지론이야. 참신하고 의욕적인 젊은 인재를 보다 많이 영입해서 활기찬 사풍社風을 조성하지 않으면 안 돼. 내 뜻을 이해할 수 있겠지?"

하기석은 가만가만 고개를 끄덕였다. 그러나 그의 속마음은 그게 아니었다. 어떤 편이냐 하면, 단번에 승부를 지으려는 지나친 의욕이 지금까지 잘 다져놓은 반상盤上의 대세를 스스로 그르칠 수도 있다는 불안감을 그는 온몸으로 느꼈다.

"회사일에 이러쿵저러쿵 떠드는 말썽꾸러기가 있거든 골치 아프게 신경 쓰지 말고 한시라도 빨리 제거해 버리라구."

그가 뭐라고 대답하기도 전에 사장은 다시 말했다.

"서 과장은 어때? 서운배씨 말이야."

"조용하고 성실한 사람이야."

"총무부에서 문제 인물을 들라면 서운배씨가 첫손가락에 꼽히지?"

하기석은 대답하지 않았다. 사장이 사원들의 동태까지 일일이 파악하려고 드는 태도가 과연 바람직한 처사인지 하기석은 얼른 납득이 안 갔다. 사장이 겉보기와는 달리 매우 소심한 사람일는지도 모른다는 의심이 문득 머리를 스쳐갔다. 평소에 잘 알고 있던 사람이 아니라 전혀 모르는 사람과 마주 앉아 있는 듯한 기묘한 느낌이었다. 하기석은 이 대면이 어쩐지 자꾸 어색하고 거북하게만 여겨졌다.

"한 마디로 미련한 사람이야. 아랫사람이 추월해서 자기보다 높은 지위에 오르면 이제 그만 둬 달라는 뜻으로 알아듣는 것이 과연 그렇게도 어려운 문제일까?"

바닷가 솔바람 소리 같기도 하고, 전동차 바퀴 구르는 소리 같기도 하고, 어쩌면 그 두 가지 소리를 한데 버무린 듯한 귀울림이 다시 시작된 것은 바로 그 때였다. 그가 보기에 사장은 무슨 말인가를 계속 지껄이고 있었다. 입모습이나 표정으로 보아 하기석에게 무엇인가를 묻고 있는 것이 틀림없었다. 그러나 그가 알아들은 마지막 한 마디는 겨우 다음과 같은 것이었다.

"자네 지난 주말에 안양에 갔었나?……"

하기석은 당황하여 그를 빤히 쳐다보았다. 그러나 허사였다. 다시 귀울림 현상이 일어나 그의 말을 더 이상은 알아들을 수가 없었다. 하기석은 이마에 식은땀이 배어나는 것을 알아차렸다. 당황한 나머지 그는 지그시 눈을 감아 버렸다. 마치 눈꼬리가 기묘하게 일그러지는 사장의 성난 표정을 무시해 버리듯이 말이다.

4

퇴근 시간이 임박했을 때, 하기석은 서운배로부터 걸려온 전화를 받았다.

"나 지금 은전에 나와 있습니다. 술이나 한잔 하십시다."

그러나 술이나 한잔하고 헤어지는 단순한 만남이 아니라는 것쯤 하기석은 얼마든지 짐작할 수 있었다. 그의 예상은 역시 빗나가지 않았다.

"나는 스물여덟 살에 이 회사에 들어와서 지금까지 무려 십팔 년을 근무했습니다. 말하자면 내 인생의 황금기를 모두 이 회사에다 바쳤다고 해도 과언이 아닙니다."

이렇게 전제한 서운배는 자신에 대한 회사의 부당한 대우에 분노를 느끼지 않을 수 없다고 노골적으로 털어놓았다.

"돌아가신 회장님께서 늘 강조하던 말씀이 생각납니다. 회사가 어느 정도 기틀이 잡히면 모든 재산을 사원복지기금으로 환원하겠다고 공언하던 그 말씀 말입니다. 나는 그 말씀을 누구보다도 철저히 믿은 사람들 중의 한 사람입니다. 그런데 그 결과가 지금 어떻게 되었는지 아십니까. 구멍가게에 지나지 않던 회사는 손꼽히는 재벌급으로 급성장했습니다. 그럼에도 나는 이제 겨우 전셋집을 면한 정도입니다. 나나 내 아내가 못나서 살림을 잘못 살았기 때문에 이 모양 이 꼴이 된 줄 아십니까? 천만에요. 우리 부부는 여느 부부들 못지않게 허리띠를 졸라매고 살았다고 자부합니다. 결론적으로 말씀드리자면 나는 자기 이익에만 눈이 어두운 한 악덕기업인의 감언이설에 속아 살았습니다. 물론 내가 못나서 저지른 어리석은 바보짓이었다는 자책도 없지 않습니다. 이 회사와 더불어 십팔 년이나 살아온 사람이 이런 말을 한다는 자체가 누워서 침 뱉기인지도 모르겠지요. 그러나 하 형, 하 형도 내 입장이 되어 보면 지금의 내 심정을 충분히 이해할 수 있으리라 믿습니다. 생각해 보세요. 지금까지 허리띠를 졸라매고 참고 견뎌 온 나한테 회사에서 어떤 보답을 해주었습니까? 너무 잘 참고 견디어 왔다는 보상으로 하루아침에 모가지를 날린 겁니다."

"모가지를 날리다니요?"

하기석은 깜짝 놀라 반문했다. 서운배는 씁쓸한 미소를 입가에 띠어 보였다. 그는 앞에 놓인 술잔을 비우고 그 잔을 하기석에게 건넸다.

"나는 과장으로 승진한 지 벌써 구 년째예요. 그러나 이 정도의 불만은 얼마든지 참아 넘길 수도 있었습니다. 아까도 말했듯이 나는 참고 견디는 데 이력이 난 사람이니까요. 그런데 하 형의 부장 승진이 문제가 되었습니다. 나잇살이나 먹은 사람으로서 따뜻한 격려와 축하 인사는 못하더라도 시기나 질투를 해서는 안 된다는 양식쯤은 나도 갖춘 사람이라고 자부하고 있습니다. 하지만 다른 사람도 아니고 내 수하에 있던 하 형을 바로 내 머리 위에다 올려 앉히는 저의가 과연 무엇이겠어요? 스스로 알아서 물러나라는 뜻 아니겠습니까."

하기석은 낮에 사장이 하던 말을 상기했다. 아랫사람이 자기보다 높은 지위에 오르면 이제 그만 둬 달라는 뜻으로 알아듣는 것이 그렇게도 어려울까 하고 중얼거리던 바로 그 말 말이다.

"후속 조치가 있지 않겠습니까. 조금만 더 기다려 보시지요."

하나마나한 소리를 힘없이 뇌까리자니, 하기석은 마치 불에 덴 것처럼 공연히 얼굴이 화끈거렸다.

"아니요. 너무 많이 참아 왔기 때문에 끝내는 이런 모욕과 수모를 당하는 게 아니겠습니까. 더럽고 치사해서도 그만두어야지요."

"그만 두는 것이 능사는 아닌 줄로 압니다. 더럽고 치사하더라도 끝까지 눌러앉아 계시면서 싸워 이겨야지요."

"싸워 이긴다? 그게 과연 가능할까요?"

히죽 비웃는 듯한 묘한 웃음을 입가에 떠올리며 서운배는 힘없이 고개를 가로저었다.

그와 헤어져 집으로 돌아가면서 하기석은 곰곰 생각해 보았다. 서운배로 말하자면 내일 모레가 오십 줄로 접어드는 나이였다. 이십대나 삼십대라면 또 모르겠지만, 늘그막에 이력서를 써 들고 이리저리 직장을 찾아 헤매는 그의 처량한 몰골은 상상조차 하기 싫었다. 그리고 그가 남긴 마지막 말이 하기석의 머리에서 끝내 떠나지 않았다.

"나는 우연한 기회에 하 형 이야기를 들었습니다. 학교 시절과 전에 다니던 직장 관계를…… 그리고 근자에 들어와 하 형이 안양공장 근로자들과 자주 어울리고 있다는 사실도 알고 있습니다. 차마 겉으로 드러내지는 못했지만, 마음속으로는 박수를 보내고 있었지요. 따지고 보면 진작 결성되었어야 할 노동조합 아니겠습니까. 꼭 성공하기를 빌겠습니다. 하지만 매사 조심하십시오. 내가 알기로 회사 사람들이 하 형의 일거수일투족을 지켜보고 있습니다."

5

서운배는 정상적으로 출근했으나 이석진은 아무 연락도 없이 그 이튿날도 사무실에 나타나지 않았다. 혹시 무슨 연락을 받지 않았을까 싶어 장기목, 양호일에게 물어 보았지만 그들 역시 아무 연락도 받은 바가 없다는 대답이었다. 유종민의 불벼락이 떨어진 것은 당연한 귀결이었다.

"이 친구 오늘도 결근이야?"

모두가 꿀 먹은 벙어리였다.

"연락 없었어요?"

이번에는 하기석을 향해 정면으로 물었다. 하기석 역시 대답 대신 잠자코 눈길을 내리깔았다.

"왜들 이러는 겁니까. 여기가 뭐 나오고 싶으면 나오고, 나오기 싫으면 안 나와도 그만인 싸구려 난장판인 줄 아세요?"

여전히 아무도 대답하지 않았다. 그의 화풀이는 미상불 서운배에게로 날아갔다.

"서 과장."

"네."

서운배는 자리에서 일어섰다.

"어제 어째서 결근을 했지요?"

"……"

"아무 연락 없이 결근을 했으면, 오늘 출근하자마자 어제는 뭐가 어떻게 되어서 회사에 나오지 못했습니다 하고 마땅히 무슨 이야기가 있어야 하는 것 아닙니까?"

"미안합니다아."

말은 그렇게 했으나, 서운배의 태도는 누가 보더라도 불손하기 짝이 없었다. 하루쯤 결근한 걸 가지고, 아침부터 뭘 그리 딱딱거리냐는 식의 반발이 그의 모로 치켜뜨는 눈딱지에 여실히 드러나 있었다. 유종민은 어이가 없었다기보다 조금 황당한 듯한 표정을 지어 보였다.

"미안합니다아?"

"네."

"그거 지금 진심으로 하시는 말씀입니까?"

"너무 그러지 마십시오. 나는 명색이 과장입니다. 직원들 보는 앞에서 꼭 이런 식으로 모욕을 주어야 하겠습니까?"

서운배는 유종민을 똑바로 쳐다보았다. 유종민은 뜻밖의 반격에 약간 질리는 눈치였다. 모두들 숨을 죽이고 사태의 추이를 지켜보았다. 유종민은 눈딱지를 곤두세우고 입을 앙다물었다.

"서 과장."

"네."

"나 좀 봅시다."

유종민은 홱 돌아서서 실장실로 들어갔다. 실장실은 사무실 한쪽 켠에다 칸막이를 해서 따로 마련되어 있었다. 서운배는 출입문을 열고 그 안으로 사라지는 그의 뒤꼭지를 노골적으로 쏘아보았다.

"나 좀 봐? 더럽고 치사해서도 못해 먹겠군."

서운배는 실장실 문을 열고 들어갔다. 기세로 보아서는 마땅히 외마디 고함쯤 한두 가락 흘러나올 법도 했는데, 어째선지 실장실로부터는 아무 소리도 흘러나오지 않았다. 조용해도 너무 조용했다. 모두들 일손을 놓고 실장실을 힐끔거렸다. 그러나 그들의 기대를 충족시킬 그 어떤 조짐도 사단도 끝내 일어나지 않았다.

두 사람의 회합은 무려 한 시간이나 끌었다. 그리고 유종민이 먼저 사무실을 나가고 조금 있다가 실장실에서 나온 서운배는 말없이 자기 자리에 가서 앉았다. 그렇게 밖으로 나가 버린 유종민은 퇴근 시간이 되어도 다시 나타나지 않았다. 아니다. 사람은 나타나지 않았지만 연락은 왔다. 하기석이 그 전화를 받았던 것이다.

"별일 없지요?"

"네."

"나 조금 있다가 들어갈 테니까, 늦더라도 기다려 줘요."

그리고 전화는 끊어졌다. 다정한 것도 냉담한 것도 아닌 묘한 목소리였다. 여섯시가 넘어서자, 직원들은 하나 둘 사무실을 빠져나갔다. 하기석은 양손으로 이마를 받친 채 움직이지 않았다.

"하 선생님."

"네?"

하기석은 이마를 들었다. 퇴근 준비를 마친 민세영이 자기 자리에 앉은 채 그를 바라보고 있었다.

"이젠 부장님이라고 불러야 하는데 아직 익숙하지 못해서 자꾸 실수를 하는군요. 죄송합니다, 부장님."

"괜찮습니다."

그녀는 자리에서 일어섰다.

"요즘 사무실 분위기가 왜 이렇게 살벌하죠?"

하기석은 대답 대신 그녀를 물끄러미 바라보았다. 그녀는 그의 시선을 피하지 않고 맞받았다.

"서로 잡아먹을 기회만 노리는 사람들 같아요. 제가 잘못 보았나요?"

하기석은 먼저 그녀의 시선을 피해 버렸다. 그녀를 무시해서가 아니라 사실은 혼자 있고 싶었다.

"아마 무슨 좋지 못한 일이 있을 거예요, 부장님."

그녀의 말에 그는 도로 고개를 들었다.

"무슨 말인가요?"

그녀는 핸드백을 집어들었다. 그리고 그녀는 출입문을 향해 똑바로 걸어갔다. 출입문 손잡이를 잡은 그녀가 몸을 돌려세우면서 말했다.

"그러고 보니 여태 축하 인사도 못 드렸네요. 승진을 진심으로 축

하합니다."

그리고 그녀는 출입문을 열고 밖으로 나가 버렸다. 이제 그 넓은 사무실에는 하기석 혼자 남아 있었다. 그는 천천히 수화기를 집어 들었다. 그는 조금 망설이다가 수화기를 도로 내려놓고 자리에서 일어섰다. 그러나 조금 있다가 그는 다시 수화기를 집어들었다. 전화를 받은 사람은 이석진의 부인이었다.

"여기 회삽니다. 이 형 집에 계십니까?"

"병원에 가셨습니다."

켕기는 구석이 있었기 때문인가. 하기석은 그녀의 목소리에 날카로운 적의가 묻어 있다고 느꼈다. 어디가 어떻게 되었기에 병원에 가셨느냐고 정중히 문안부터 드려야 했지만, 하기석은 입술이 얼어붙어 버렸다.

"알겠습니다. 또 연락 드리지요."

그는 손바닥으로 얼굴을 감싸 쥐면서 자신도 모르게 나직이 한숨을 내쉬었다. 당장이라도 이석진의 집으로 찾아가 사실 여부를 확인하고 싶었다. 도대체 어디가 어떻게 되었기에 출근을 못할 정도란 말인가. 제 발로 찾아와 무릎을 꿇고 사과하기 전에는 출근을 하지 않겠노라고 버티고 있는지도 몰랐다. 상대가 그렇게 야박하게 나온다면 그 소행이 괘씸해서도 하기석은 일부러 찾아가 사과하는 따위의 비굴한 모습은 보이고 싶지 않았다.

유종민은 일곱 시가 넘어서야 겨우 회사에 나타났다.

"아니, 여태 퇴근하지 않았어요?"

퇴근하지 말고 기다려 달라고 했던 말을 그는 까맣게 잊고 있는 듯했다. 하기석은 어처구니가 없어 벌어진 입이 다물어지지 않았다. 그렇다고 먼저 퇴근하기도 난감했다. 그는 자기 자리에 앉아 조용히 기다렸다. 삼십 분은 족히 기다렸을까. 실장실에서 나온 유종민은 말없이 하기석을 바라보았다. 늦게까지 기다리게 해서 미안하다는 따위의 사과 말은커녕 마치 달갑잖은 사람을 거리에서 우연히 마주쳤을 때처럼 다소 떨떠름한 표정을 지어 보였다.

그는 출입문을 향해 뚜벅뚜벅 걸어갔다. 출입문 앞에서 문득 걸음을 멈춘 유종민이 돌아서서 물었다.

"나한테 특별히 할 말이라도 있는 건 아니지요?"

그는 전주집에서 일어났던 사건의 전말을 그에게 털어놓아야 하지 않을까 하고 생각했다. 그래서 그는 유종민을 정면으로 바라보았는데, 그 때 유종민은 벌써 출입문 손잡이를 잡고 있었다. 서두르는 그의 태도로 보아, 간단한 한두 마디로 설명이 불가능하다면 아예 말을 꺼내지 않는 것이 현명하다는 판단이 내려졌다.

"없습니다."

"그래요?"

유종민은 보일 듯 말 듯한 미소를 띠어 보였다. 상대방의 가슴을 빤히 들여다보면서도 좋은 기회를 잡기 위해 일부러 속아 주는 노련한 수사관의 꾸민 눈빛과 흡사했다고나 할까. 하기석은 그 순간 보이지 않는 올가미에 목을 들이밀지 않으면 안 되는 절박한 상황에 처한 죄수처럼 치를 떨었다.

"저어 실장님……"

바닷가 솔바람 소리 같기도 하고, 전동차 바퀴 구르는 소리 같기도 하고, 어쩌면 그 두 가지 소리를 한데 버무린 듯한 귀울림에 그는 사로잡혔다. 그가 지그시 감았던 눈을 다시 떴을 때, 유종민은 그의 눈앞에서 사라진 뒤였다.

6

 우려하던 사단이 기어이 벌어지고야 말았다. 서운배와 이석진뿐만 아니라, 장기목과 양호일과 김인식도 함께 결근이었다. 그들은 이튿날도 그 이튿날도 회사에 나오지 않았다. 민세영이 그에게 다가와 말했다.
 "거 보세요. 제가 뭐랬어요. 조만간 무슨 일이 일어날 것만 같다고 말씀을 드렸지요?"
 못 들은 척 태연하게 외면했지만 하기석은 가슴 속에서 마른 장작이 활활 불타고 있었다. 마치 무슨 큰 죄를 지은 사람처럼 어깨를 펴지 못하고 전전긍긍하는 스스로의 어색한 태도에 그는 화가 나서 견딜 수가 없었다. 사람이 살다 보면 빠져나올 수 없는 어떤 상황에 빠지기도 한다. 그렇지만 도대체 내가 무슨 잘못을 저질렀단 말인가. 승진하기 위해 특별히 청탁을 하고 다니지도 않았다. 유종민에게 잘 보이기 위해 매달려 아첨한 적도 없었고, 사장한테 빌붙은 적은 더더욱 없었다. 그렇다면 역시 이석진에 대한 구타 사건이 원인인가. 그러나 그 문제만 해도 그렇다. 처음부터 시비를 걸어 온 장본인은 이석진이었다. 재떨이까지 날리며 덤벼들지 않았던가. 하기석은 자신의 응수를 두고 정당방위라고 규정했다.
 그러나 책임의 소재는 결과적으로 그에게 떠넘겨지는 다음 수순이 그를 기다리고 있었다. 사장이 찾는다는 비서실의 연락을 받고 그가 급히 사장실로 올라갔을 때였다. 사장과 마주 앉아 있던 유종민이 그를 가차 없이 추궁하기 시작했다.
 "하 부장."

"네, 실장님."

"기획실 직원들의 집단 결근의 원인이 무엇인지 하 부장은 알고 계시지요?"

"……"

"하 부장이 술을 마시고 취중에 이석진 씨를 주먹으로 때리고 발길질을 해서 심한 상처를 입혔다고 하던데 사실입니까?"

"그게 그러니까……"

하기석은 더 뭐라고 말을 잇지 못하고 자꾸 더듬거렸다. 어디서부터 어떻게 설명의 실마리를 풀어나가야 할지 난감하기 짝이 없었다. 게다가 유종민은 그의 설명을 자세히 들으려는 노력도 하지 않았다.

"내막을 잘 몰라서 뭐라고 추궁하기는 어렵습니다만, 요컨대 하 부장은 수하 직원을 구타한 못된 직장 상사가 되었어요. 내 말이 맞지요?"

하기석은 구구한 변명을 애써 늘어놓고 싶지 않았다.

"경위야 어쨌든 결과적으로는 그렇게 되었습니다."

가만 있던 사장이 그 때 가볍게 혀를 찼다. 안타깝다기보다는 황당해서 기가 막히고 어이가 없다는 태도였다.

유종민이 말했다.

"이야기 들어 보니까 사실 하 부장 잘못은 없어요. 술 마시다 보면 취하기도 하고, 취하다 보면 언쟁도 벌어지게 마련이고, 언쟁이 심해지면 주먹다짐도 벌어지는 거지요."

"……?"

"저들의 소행이 괘씸해서라도 모두 해고시켜 버려야 옳겠지만, 차마 그럴 수는 없는 일이고……"

천장에다 눈길을 박고 있던 사장이 그 순간 언성을 높여 말했다.

"아니야. 그게 아니지. 이번 일은 유야무야 넘어갈 일이 아니야. 어제 오늘 집단으로 결근한 다섯 사람 모두 해고시켜요."

그러면 그렇지. 사장의 비호에 고무된 하기석은 마치 백만 대군의 응원을 받은 듯 의기양양했다.

"그건 너무 가혹하지 않겠습니까, 사장님?"

유종민이 이의를 제기했으나 사장은 물러서지 않았다.

"내가 보기에 저들은 하 부장의 승진을 두고 시기하고 있어요. 이건 명백한 하극상입니다."

"지당하신 말씀입니다, 사장님."

그가 보기에 유종민은 어떤 교활함이 뒤섞인 묘한 표정을 짓고 있었다. 이랬다저랬다 표변하는 유종민의 태도에 하기석은 몹시 못마땅했다.

"그렇다면 더 이상 논의할 사항이 없지. 재발 방지 차원에서도 저들 다섯 명 모두 사직서를 받아내도록 하세요."

그러나 그것은 하기석이 원하는 현명한 수습책이 아니었다. 백만 대군의 응원을 받는 것은 좋지만, 그렇다고 사장의 비호에 마냥 의기양양해지고 싶은 치사한 생각은 조금도 없었다.

"그럴 수는 없습니다, 사장님. 차라리 제가 물러나겠습니다."

진심이기도 했고, 진심이 아니기도 했다. 다섯 명의 시체를 딛고 혼자 살아남겠다는 욕심은 버려야 한다는 대의명분으로 보면 그 말은 진심 쪽에 더 가까웠다. 그러나 그의 본심은 그게 아니었다. 자기가 사직을 하겠다고 나서면 나머지 다섯 명의 직원도 살려야 한다는 쪽으로 사장의 생각이 기울어질 것이라는 나름의 계산을 그는 하고 있었다.

"하 부장이 왜 사직을 합니까. 그럴 수는 없습니다."

유종민은 말도 안 된다는 듯 펄쩍 뛰었다. 그러나 하기석은 뭔가 어색한 게 있다는 걸 느끼면서도 까닭을 찾아내지 못해 답답증이 나는 기분에 사로잡히고 말았다.

"하지만 명색이 부장이라는 사람이 수하 직원 다섯을 해고시키면서 혼자 살아남을 수는 없는 일 아니겠습니까. 잘잘못을 따지기 전에 부장으로서 마땅히 도의적인 책임을 져야 한다고 봅니다."

"그건 하 부장 말이 옳아."

하고 사장은 말했다.

"하지만 사장님……"

그러나 사장은 손을 들어 유종민의 다음 말을 가로막았다. 그는 자기가 해야 할 말을 알았다는 듯이 한 마디 한 마디에다 힘주어 말했다.

"저들 다섯을 한꺼번에 다 해고시킨다는 것은 아무래도 문제가 많아. 저들이 만약 계속 집단행동을 획책한다면, 그러잖아도 무슨 트집을 잡지 못해 눈에 불을 켜고 있는 공장 종업원들이 가만 있지 않을 거란 말이야."

"그 점은 염려할 것이 없습니다."

하기석은 자신 있게 말해 놓고 내심 아차 후회했다. 그는 노동조합 설립에 앞장선 안양공장 종업원 대표들과 시내 모처에서 은밀히 만나 그들이 요청하는 약간의 정보를 제공한 적이 있었다. 사장이 안경 너머로 그 순간 약간 사납기도 한 야릇한 표정을 지어 보였다. 눈에 보이지 않는 싸늘한 냉기가 비집고 드는 듯했다. 유종민이 말했다.

"다시 생각해 보니까 하 부장 말이나 사장님 말씀이 백번 옳습니다. 그래서 드리는 말씀인데, 하 부장이 당분간 집에서 쉬도록 하는 게 좋겠습니다. 제 말은 회사를 그만 두라는 뜻이 아니라, 이번 사태가 원만히 처리될 때까지 집에서 대기하라는 뜻이지요."

그 말을 사장이 냉큼 받아 챙겼다.

"하 부장."

"네, 사장님."

"어떻게 하면 좋겠어? 나는 하 부장 의견을 최대한으로 존중할 생각이야."

엎었다 뒤집었다, 치고 빠지는 두 사람의 현란한 얼렁수에 얼이 빠지고 주눅이 든 것은 사실이다. 그러나 사태가 원만히 해결될 때까지 잠정적으로 사직한다는 밀담의 원칙에 그는 기어이 동의하고 말았다. 미심쩍은 점이 없지는 않았지만 기왕이면 입장을 분명히 한답시고 하기석은 그 자리에서 사직서를 써서 유종민에게 맡겨놓고 이튿날부터 회사 근처로는 얼씬도 하지 않았다.

7

보름이 지나고 한 달이 지나도 하기석은 복직되지 않았다. 그런 어느 날, 탑골공원 앞을 지나가는데 우연히 이석진과 딱 마주쳤다. 서로 반대 방향으로 걸어가다가 상대방을 알아보았을 때, 하기석은 반가운 사람을 보는 것 같기도 했고 차갑게 외면해야 할 사람과 마주친 것 같기도 했는데, 어느 쪽으로 결정을 내려야 하는지 얼른 분간이 안 가서 어물거리는 사이에 그만 두 사람은 누구도 피할 수 없게 기어이 마주 서고 말았다. 어정쩡한 태도이기는 했지만 이석진도 그를 끝내 모른 체 외면하지는 않았다.

"아침에 출근하려고 거울을 들여다보자니까 한심 무인지경이더군. 얻어맞은 눈두덩이가 퉁퉁 부어 있더라구. 에라 모르겠다, 드러누워 버렸지. 하루쯤 쉴 작정이었어. 하루 쉰다고 뭐가 어떻게 되는 건 아니잖아. 그런데 바로 그 이튿날 새벽이었어. 서 과장이 우리 집으로 득달같이 들이닥친 거야. 출근하지 말고 집에서 푹 쉬라는 밀명을 가지고 말이야. 필요하다면 병원에 입원해도 좋고, 뭣하면 고소를 해도 괜찮다는 말까지 보태더군. 여기에는 필경 무슨 피치 못할 함정이 있겠구나 싶어서 이것저것 캐물어 보았더니 놀랍게도 사실은 그게 모두 사장님의 특별 지시라는 거야. 사장님이 왜 그런 음험한 책략을 꾸며냈는지 나로서는 지금도 이해가 가지 않는데, 당사자인 하 형은 혹 무슨 짐작 가는 일이라도 있는가?"

하기석은 눈앞이 희끄무레 흐려지면서 어깨가 무겁게 내려앉고 등골이 구겨지는 나른한 현기증에 사로잡히고 말았다. 바닷가 솔바람 소리 같기도 하고, 전동차 바퀴 구르는 소리 같기도 하고, 어쩌면 그 두 가지 소리를 한데 버무린 듯한 예의 그 귀울림이 되살아났던 것이다. 하기석은 귀울림을 멎게 하려고 가만히 숨을 내쉬면서 침착하게 지그시 눈을 감아 보았다. 그러나 아, 이게 어찌된 노릇일까. 마땅히 멎어야 할 귀울림이 전보다 더 맹렬하게 양쪽 귀를 계속 어지럽히고 있었다.

중편소설 대표작

숨은 사랑

1

 가르시아는 다음 날 오전 중으로 신문사에 넘겨 줄 칼럼 원고 위에 얹혀 있는 안경부터 집어들면서 송수화기 쪽으로 다른 한 손을 내밀었다. 지명 수배를 받고 도피 중인 도이미나한테서 걸려 온 전화일지도 모른다는 희미한 기대에 찬물을 끼얹는 낯선 목소리가 송수화기에서 흘러나왔다.
 "가르시아 선생님 댁이시죠?"
 "그렇소. 내가 가르시아요."
 "아, 선생님. 안녕하십니까. 여기는 비토리오 성입니다."
 비토리오 성이라면 노리에이 장군의 사저私邸 아닌가. 가르시아는 가벼운 미열을 느끼면서 송수화기를 잡은 손아귀에 절로 힘을 주었다.

"무슨 일이오?"

"각하께서 선생님을 뵙고자 하십니다. 내일 오전 열시 정각에 제가 선생님 댁으로 방문하겠습니다."

"실례지만 선생은 누구시오?"

"저는 비서실장 아르세모입니다."

거절한다고 순순히 물러설 기색이 아니었고, 굳이 매정하게 거절할 까닭도 없다는 판단이 내려졌다.

"내일 오전중에는 선약이 있어 곤란하고, 오후 세시쯤 다시 연락해 주시면 가부를 알려 드리겠습니다."

"잘 알겠습니다, 선생님. 그럼 내일 다시 연락을 드리도록 하겠습니다."

노리에이는 장장 이십오 년 동안 지켜온 권좌에서 이태 전에 물러났다. 그는 권좌에서 물러나는 고별사를 통해 평화적 정권교체임을 특별히 강조했다. 그러나 그것은 어디까지나 국민의 끈질긴 저항에 마지못해 대처한 임시 기만책이었고, 사실은 퇴임 후에도 계속해서 군부 독재를 주도해 온 실질적인 국가 통치자였다. 현 대통령 마웅사부는, 쿠데타로 정권을 장악한 노리에이 정권 하에서 정보총장·국방장관 등 정부 요직을 거치면서 재야 인사들을 무자비하게 탄압해 온 장본인으로 노리에이의 하수인이라는 사실을 국민들은 익히 알고 있었다.

가르시아는 삐걱거리는 나무 계단을 밟고 아래층으로 내려가 아내 시르바가 잠들어 있는 침실로 들어갔다. 그녀는 연속극을 보다가 깜박 잠이 든 모양이었다. 켜진 상태의 텔레비전 화면에는 가르시아도 가끔 시청한 적이 있는 사극史劇이 방영되고 있었다.

방문 열리는 소리에 잠이 깬 시르바가 머리를 들고, 불빛에 부신 눈을 손등으로 가리며 그와 벽시계를 번갈아 바라보았다.

"지금 몇 시예요?"

"열한시 오분 전이오."

시르바는 풀어헤쳐진 머리칼을 쓸어넘기면서 일어나 앉았다. 유달리 초저녁 잠이 많은 그녀인데, 대신 한번 잠이 깼다 하면 다시 잠들기가 어려운 묘한 버릇을 가지고 있었다. 평소 같으면 일어나 앉는 그녀를 얼른 침대에 도로 눕혀 주었을 터이지만 그는 그녀와 좀 더 이야기를 나누고 싶었으므로 내키지 않는 잔소리를 늘어놓았다.

"잠들기 전에 테레비는 반드시 끄라고 하지 않았소. 보지도 않는 테레비는 왜 켜놓고 전기 낭비를 하는 거요."

"깜박 잠이 들었던가 봐요."

시르바는 보기 흉하게 입을 크게 벌려 하품을 했다. 가르시아보다 두 살이나 많은 여자니까 테레사에 비해 무려 서른 두 살이나 위다. 가르시아는 문득 테레사가 보고 싶었다. 그는 그 여자를 눈앞에 떠올릴 때마다 가슴이 저렸다. 가르시아는 텔레비전을 향해 흔들의자에 앉았다.

"조금 전에 비토리오 성에서 전화가 걸려 왔더랬소."

"비토리오 성?"

처음에는 말귀를 미처 못 알아듣고 무심히 반문하던 시르바가 이내 움찔 놀란 표정으로 변했다.

"거기서, 왜요?"

역시 반응이 민감했다.

"비서실장이라는 자가 전화를 걸어 왔는데, 나를 만나 보고 싶어

한다는군."

"노리에이가요?"

"그런가 봅디다."

"그래서 뭐라고 하셨어요?"

"그러자고 했소."

텔레비전에서 마침 열한시 뉴스가 시작되고 있었다. 두 사람은 대화를 중단하고 텔레비전 화면에다 눈길을 맞추었다.

언제나 그랬듯이 뉴스는 정면 벽에 노리에이의 대형 사진이 걸린 영빈관에서 외국 사절을 접견하는 마웅사우 대통령의 동정動靜이 가장 먼저 전해졌다. 그리고 그 즈음 위수령이 내려져 있는 부마사이와 카이주아의 학생 소요에 관한 뉴스가 이어졌다. 부마사이에서는 시위대가 던진 화염병으로 경찰서가 불탔고, 카이주아에서는 오랫동안 학생들의 동태를 정부측에 은밀히 보고해 온 혐의를 받고 있는 대학 교수를 학생 간부들이 납치해다 그의 머리를 면도칼로 발갛게 밀어 버린 충격적인 사건이 비교적 자세하게 보도되었다.

"괜찮을까요?"

"뭐가?"

"나는 반대예요. 그 사람 만나 보았자 득 될 게 없을 것 같애요. 세상 인심이 얼마나 흉흉한지 당신 아시잖아요."

"……"

"노리에이가 여론에 밀려 잠시 들어앉아 있기는 해도 명분만 생기면 다시 정치 일선에 컴백한다는 소문이 시중에 파다하게 퍼져 있어요."

이튿날 오후 아르세모에게서 다시 전화가 걸려 왔을 때는 가르시아가 달디단 낮잠을 한 숨 즐기고 난 뒤끝이었다.

"지금 모시러 가겠습니다."

"그렇게 하시오."

약 한 시간 후에 아르세모가 도착했다. 그는 키는 그다지 크지 않았으나 체격이 매우 다부져 보였다. 가르시아가 알기로 그는 노리에이가 사티노우 정권을 무력武力으로 무너뜨릴 당시 일개 육군 소위에 지나지 않았으나, 그 후 수많은 정적을 물리치고 승승장구해서 경호실장에 오른 입지전적 인물이다.

"노리에이 씨는 요즘 어떠시오?"

가르시아는 의식적으로 씨라는 말에 힘을 주어 말하면서 그의 표정을 슬쩍 훔쳐보았다. 그러나 아르세모는 그 말에 표정 하나 바꾸는 법 없이 태연스럽게 받았다.

"각하께서는 요즘 불면증에 시달리고 계십니다. 어젯밤 선생님께 전화를 드렸을 때만 해도 밤이 꽤나 늦었음에도 불구하고 각하께서는 주무시지 못하고 계셨지요."

가르시아는 좀 뜻밖이다 싶었다. 그는 흔들의자에서 일어나 베란다 앞으로 다가가 뒷짐을 지고 다시 말했다.

"내가 듣기로 노리에이 씨는 요즘 외부와의 접촉을 일체 거부하고 있다 하던데, 무슨 연유로 나 같은 백면 서생을 만나고자 하는지 짐작이 가지 않습니다."

"저도 내용은 잘 알지 못합니다. 어젯밤 저를 찾으시기에 서재에 들어가 보았더니만, 선생님께서 최근에 내신 시집을 내보이면서 한 번 모셔 오라는 하명을 내리셨습니다."

그 말을 액면 그대로 믿고 싶은 생각은 없었지만 가르시아는 과히 기분이 나쁘지는 않았다.

"갑시다."

가르시아는 먼저 응접실을 나섰다. 시르바가 대문 밖까지 따라나와 만약 귀가가 늦어지게 되면 먼저 전화를 걸어 달라고 말했다. 가르시아는 그녀가 건네주는 지팡이를 받아 들면서 희미하게 웃어 보였다.

거침없이 달려가던 차가 혁명의 광장 어귀에서 멈추어 섰다. 경찰이 쏘아대는 최루탄에 쫓기는 시위대 일부가 가르시아 일행이 탄 차 앞을 급히 지나갔다. 외출할 때마다 흔히 보아 온 광경이었지만 도저히 익숙해질 수 없는 최루탄에 그는 짜증이 절로 났다. 며칠 전에는 최루탄 파편에 맞아 실명 위기에 처한 대학생이 뉴스의 초점이 되지 않았던가. 노리에이를 처형하라고 주장하는 내용의 현수막이 길에 버려지는 것을 가르시아는 차창을 통해 보았다.

"아이구, 저것들을 그냥……"

운전 기사가 아드득 이 가는 시늉을 해 보였다. 아르세모는 말없이 고개를 두어 번 끄덕거렸고, 가르시아는 못 들은 척 외면해 버렸다.

차는 현수막을 타넘고 광장 남쪽에서 강변도로를 따라 달리다가 철조망으로 둘러싸인 비행장을 바라보면서 비토리오 성이 자리잡은 희망의 언덕으로 접어들었다. 전투복 차림의 경찰관들이 두 명씩 짝을 지어 길가의 나무숲에 은신하여 부동자세로 보초를 서고 있는 모습이 언뜻언뜻 눈에 들어왔다. 세 명의 대학생이 오토바이를 타고 달려가면서 비토리오 성 정문에다 사제 폭탄을 투척한 사건이 일어난 이래 경비가 더욱 삼엄해졌다는 신문 기사를 본 것이 불과 보름 전이다.

차는 정문인 듯한 철책문 앞에서 머뭇거렸다. 총을 든 정복 차림의 경찰관이 다가와 허리를 굽히고 차 안을 들여다보았다. 그는 가르시아와 나란히 앉아 있는 아르세모를 발견하고는 마치 감전당한 사람처럼 온몸이 뻣뻣하게 굳어지면서 흰 장갑을 낀 한쪽 손을 번쩍 치켜올려 경례를 붙였다. 그와 동시에 철책문이 열리고, 차는 그 안으로 천천히 미끄러져 들어갔다.

하늘이 보이지 않을 정도로 우거진 종려나무 숲 사이로 외줄기 길이 십 분이나 계속되었다. 전에 이곳은 시민들이 즐겨 찾던 식물 공원이었다. 원래 서이미나 시유지였던 것을 수도 사울로에서 시청 부지로 지정하고 일반인의 출입을 통제하더니, 나중에는 노리에이의 사유지로 둔갑시켜 버렸다. 보도에 따르면 무려 오십만 평에 이르는다는 광활한 지역인데, 사태가 여의치 못할 경우 노리에이 일가가 이곳에서 국외로 탈출할 수 있는 지하 비행장이 마련되어 있다는 소문이 떠돌고 있었다. 재야 단체와 학생들이 연일 시위를 벌이면서 비토리오 성을 국가에 반환하라고 요구했지만 노리에이는 이렇다 할 해명 한마디 없었다.

언뜻 보기에는 프랑스 베르사이유 궁과 흡사하게 생긴 웅장한 건물 앞에서 차가 멎었다. 차에서 먼저 내린 아르세모가 지팡이를 짚고 내리는 가르시아의 한쪽 팔을 부축해 주었다. 오는 도중 내내 긴장해 있던 탓인가. 가르시아는 가벼운 두통과 함께 현기증을 느끼고 지팡이에 몸을 의지한 채 아득히 내려다보이는 비행장에다 시선을 잠시 고정시켰다. 마침 군용 비행기 한 대가 이륙하고 있는 비행장 너머로 햇살에 반짝이는 하이나 강줄기가 그의 시야에 묻어들었다. 가르시아 곁에 붙어 서 있던 아르세모가 귀빈관에서 숲으로 들어가는 오솔길을 가리키면서 말했다.

"이 길을 따라 곧장 내려가면 저기 저쪽에 보이는 골프장에 닿게 됩니다. 그리고 그 옆으로 푸른색 페인트를 칠한 다이빙대가 보이지요. 거기가 옥외 수영장입니다. 아시다시피 각하께서는 운동이라면 못하는 것이 없는 만능 선수입니다. 하지만 요즘은 골프와 수영 정도로 만족하고 계십니다. 세상에는 이 비토리오 성 지하에 비행장까지 마련되어 있어서 여차하면 국외로 망명할 준비가 완벽하게 갖추어져 있다고 하더군요. 그거 다 터무니없는 중상 모략입니다."

시멘트로 포장된 길 양쪽에는 잘 자란 야자수가 울창했고, 이따금 맑고 날카로우면서도 어딘지 청승맞은 새소리가 가냘프게 울려퍼지고 있었다. 어디를 둘러보아도 사람이라고는 그림자조차 발견할 수 없는 기이한 정적이 계속되는 바람에 가르시아는 문득 인적없는 황량한 들판에 홀로 버려진 듯한 고적감에 사로잡혔다. 그러나 그는 곧 그런 기이한 느낌을 지우지 않으면 안되었다. 예닐곱 명의 군인들이 길을 가로질러 정글 속으로 사라지는 뒷모습을 발견한 때문이다. 겉으로 보기에는 아무도 없는 것 같았지만, 정글 요소요소에는 실상 무장 군인들이 이중 삼중으로 물샐틈없는 경비망을 구축하고 있었다.

가르시아가 대기실에서 차례를 기다리는 동안 미리 와 있던 세 사람의 내방자가 접견실로 들어갔다. 세 사람 중 두 사람은 가르시아와 정식으로 인사를 나눈 적은 없었지만 지상을 통해 얼굴이 익은 사람들이었다. 한 사람은 사울로대학 부총장 노이무앙이었고, 다른 한 사람은 재야 지도자로 알려진 차이서린이었다. 노이무앙이야 그렇다 치더라도 차이서린이 무슨 연유로 이곳에 와 있을까. 가르시아는 얼른 납득이 가지 않았다.

삼십 분은 족히 기다린 끝에 비로소 가르시아는 접견실로 안내되었다.

"어서 오십시오, 가르시아 선생님."

노리에이는 약간 피곤해 보이는 기색이었으나, 기분이 매우 흡족한 듯 시종 밝은 미소를 띠고 그에게 정중히 담배를 권했다. 가르시아는 사양하지 않고 그가 권하는 담배를 받아 불을 붙여 물었다.

"선생님 건강은 어떠십시까?"

"보다시피 아직은 좋은 편입니다."

"다행입니다. 뭐니뭐니해도 건강이 가장 중요합니다. 더욱이 선생님은 우리 사회의 정신적 지주 아니겠습니까. 어젯밤에는 오랜만에 선생님의 시집을 읽고 깊은 감동을 받았습니다."

"고맙습니다."

노리에이는 가르시아보다 세 살 아래였다. 그는 주름살 하나 없는 얼굴에다 혈색 또한 뚜렷했다. 가르시아가 보기에 그는 동안童顔에다 타고난 건강체질인 것 같았다. 참 좋은 복을 타고났구나 싶었다.

"지난 주말이던가요. 선생님께서 피플모닝에 쓰신 칼럼을 읽고 느낀 바가 많았습니다. 세상은 단순한 혈기만으로 다스려지는 것이 아니라 오랜 경륜에 바탕을 둔 슬기와 지혜로써 순리적으로 풀어 나가야 한다는 지적도 그랬고, 지금 우리가 경계해야 할 문제는 어느 한쪽을 일방적으로 두둔한다거나 무조건 반대하지 않으면 존재 가치를 인정받을 수 없는 흑백 논리에 발목이 잡혀 침묵할 수밖에 없는 각박한 세상 인심을 개탄한다고 하신 말씀에도 저는 기꺼이 동의합니다. 선생님이 아니고 만약 다른 사람이 그런 내용의 글을 썼다면, 대뜸 저 사람 노리에이한테 돈 받아 먹은 사이비가 틀림없다 해서 빗발치는 비난을 면치 못했을 것이라고 생각합니다. 그 글이 나간 뒤에 과연 아무 불상사도 없으셨는지요?"

"어느 쪽인지 색깔을 분명히 하라는 엄포 전화를 몇 통 받기는 했습니다마는 나는 그런 것에 개의치 않습니다."

"역시 그러셨군요. 선생님한테도 그런 무례한 엄포 전화를 걸 정도이니 다른 사람들이야 더 말해 무엇하겠습니까. 양심과 소신을 가지고 지난至難에 빠진 난국을 현명하게 타개해 나갈 수 있는 그런 인물이 절실한 시대에 우리는 살고 있습니다. 잘 하는 것은 잘 한다, 못 하는 것은 못 한다, 딱부러지게 소신을 갖고 이야기할 수 있는 양심적인 인사가 더 많이 나와야 한다고 저는 생각합니다. 입 다물고 슬슬 눈치나 살피는 기회주의자가 득세하는 세상이 되어서는 안 되겠지요."

가르시아는 두 개비째 담배에 불을 붙여 물었다.

"아시다시피 지금 국가 존망이 위기에 처해 있습니다. 허구헌 날 데모로 밤낮을 지새우고 있는 실정이니 자연 사회 질서와 기강이 문란해질 수밖에 없고, 그러다 보니 공직자들마저 주어진 책무를 저버림으로써 갖가지 중상 모략과 유언비어가 나돌아 민심은 날이 갈수록 어지러워지고 있습니다. 물론 학생들의 순수한 애국 정신을 이해하지 못하는 것은 아니지만, 그러나 이상과 현실은 엄연히 다르지 않습니까. 어제는 카이주아에서 학생들이 스승을 납치해다 가위로 머리칼을 잘라 버린 충격적인 사건이 발생했습니다. 나는 동서고금을 통해 그 유례를 찾아볼 수 없는 이 패륜적인 소식을 전해 듣고 비통하다 못해 치솟는 분노를 느꼈습니다. 도대체 우리 사회가 어쩌다 이 지경이 되었습니까. 사회 지도급 인사들이 나서야 하겠습니다."

푸념이나 늘어놓기 위해 부른 것이 아니라면 지금까지 그가 한 이야기는 아직 서두에 지나지 않으리라. 가르시아는 좀 더 기다려 보기로 마음먹었다.

"나는 이태 전에 정치 일선에서 미련 없이 물러난 몸입니다. 물론 국가보위원로원 의장으로서, 또 집권 여당의 명예총재로서의 역할을 수행하고 있는 것은 사실입니다마는, 그러나 솔직한 심정을 말씀드린다면 저는 여생을 좀 편안하게 보내고 싶습니다. 하지만 내 일신 편하자고 누란에 빠진 나라의 현실을 모른 외면해 버릴 수는 없지 않습니까. 오늘 아침 뉴스를 보니까 어제 카이주아에서 대학생 하나가 진압군이 쏜 총에 맞아 현장에서 숨졌다고 합니다. 제가 보기에 이 사건은 매우 중대합니다. 사태가 더욱 악화되기 전에 누군가가 나서서 수습책을 강구해야 하지 않겠습니까?"

노리에이는 이 말을 해놓고 가르시아를 정면으로 바라보았다. 그의 눈은 불길이 이글이글 타오르고 있었다. 쿠데타로 정권을 탈취한 이래 무려 이십오 년이나 철권 정치를 휘둘러 온 장본인이다. 가르시아는 그런 그를 잠깐 마주 바라보았다가 얼른 외면했다.

"나는 젊어 한때 대학 강단에서 후진을 양성한답시고 영글지 못한 부리를 잠시 헛놀린 외에 평생을 시 나부랭이나 써 온 백면서생에 지나지 않습니다. 오늘 장군이 그 같은 촌로를 불러 앞에 앉혀 놓고 나라의 장래를 근심하시는 진의조차 헤아릴 재간이 없으니 오직 마음만 답답할 따름입니다."

노리에이는 중간에 그의 말을 성급하게 가로챌 듯이 입을 헤벌쭉 벌리려다가 가르시아의 말이 겨우 서두에 지나지 않는다는 사실을 뒤늦게 눈치채고 얼른 양보했다.

"말씀 계속하십시오."

가르시아는 그의 성급한 태도를 무언으로 나무라듯 잠시 느긋하게 숨을 돌리고 나서 다시 입을 열었다.

 "무릇 어떤 일에도 결과 없는 원인이 없고, 원인이 있으면 반드시 결과가 따르게 마련인데, 그 주체는 언제나 사람입니다."

 "물론이지요."

 가르시아의 느리고 약간 오만한 말투에 비위가 상해 있으면서도 노리에이는 인내심을 발휘해 맞장구를 쳐 주었다.

 "장군은 오랫동안 이 나라를 무력으로 통치해 왔습니다. 무려 이십오 년입니다. 그 오랜 세월 이 나라 국민들은 기침 소리 한번 크게 내지 못했습니다. 지금 억울하게 갇혀 있는 양심수만도 줄잡아 삼천 명이 넘는다는 이야기를 들은 적이 있습니다. 이 사람들의 눈물과 원성을 어찌 감당하려 하십니까. 신문이나 방송이 있기는 하지만 정부 홍보용으로 하수인 노릇이나 감당할 뿐 본래의 사명과 책임을 저버리고 있으니 언로가 막힌 것이나 다름이 없습니다. 언로가 막힌 이상 민심의 소재를 바로 파악할 리가 없고, 민심의 소재를 알지 못하면 바른 정치를 펴지 못할 것은 자명한 이치입니다. 그런 의미에서 우선 국민의 말할 권리를 돌려 주셔야 합니다. 장군의 일사 분란한 명령 체계로 이루어진 비약적인 경제 발전도 너무 과시할 것은 못 됩니다. 이윤 분배에 실패했기 때문에 가진 자와 못 가진 자의 갈등과 반목은 날이 갈수록 심화되고 있는 실정입니다. 지금이라도 장군의 비호하에서 각종 이권에 개입하여 치부를 누린 모리배를 색출하여 엄벌에 처하시고, 유능한 인재를 널리 등용해야 합니다. 장군께서는 아까 정치 일선에서 미련 없이 물러섰다 하셨지만 그 말을 액면 그대로 순수하게 받아들이고 있는 사람이 아무도 없는 줄로 압니다."

가르시아는 말끝에 가벼운 기침을 토해냈다. 노리에이는 입을 꾹 다물고 잠시 사이를 두었다가 말했다.

"진작 선생님을 만나 이런 말씀을 귀담아 듣지 못한 것이 후회스럽습니다. 솔직히 말씀을 드리자면 내 주위에는 선생님처럼 누구 눈치 안 보고 기탄없이 이야기해 주는 사람이 없었습니다. 선생님, 결자 해지라는 말이 있지 않습니까. 맺은 자가 풀어야 한다는 뜻으로, 자기가 저지른 일은 자기가 해결해야 한다는 말로 알고 있습니다. 지금 해결해야 할 일이 산적해 있습니다. 선생님, 저를 도와 주시면 그 은혜는 결코 잊지 않겠습니다."

노리에이는 마치 눈물이라도 글썽일 것처럼 그윽한 눈길로 매달리듯 말했다. 피도 눈물도 없다는 노리에이한테 이런 인간적인 순수성도 있다는 것이 가르시아는 일변 신기하기 짝이 없었다.

"내게 무슨 힘이 있어 장군을 도와드리겠습니까. 보다시피 나는 이미 육순을 지나 내일 모레면 칠십객에 접어드는 노인입니다."

"사양하지 마십시오, 선생님. 누란에 빠진 나라를 구하는 일에 정략과 파벌이 따로 있을 수 없습니다. 이 노리에이가 나라를 위해 마지막으로 한번 더 신명을 바치고자 합니다. 도와 주실 줄로 믿습니다."

도대체 무엇을 어떻게 도와 달라는 말인가. 그의 진의를 헤아리지 못해 가르시아가 내심 당황하고 있는 사이에 비서실장 아르세모가 접견실로 들어왔다. 노리에이는 기다렸다는 듯이 먼저 자리에서 일어나 하직 인사를 하기 위해 손을 내밀었다.

"그럼 또 뵙도록 하겠습니다."

그와 더 좀 이야기하고 싶다는 아쉬움과 미련은 단념할 수밖에 없었다. 가르시아는 아르세모를 뒤따라 대기실로 나갔다. 아르세모는 대기실 맞은편 방으로 가르시아를 데리고 들어갔다.

"수고 많으셨습니다, 선생님."

"별말씀을 다하십니다."

가르시아는 약간 퉁명스럽게 받아넘겼다.

"밖에 차가 대기하고 있습니다. 그 차는 각하께서 선생님께 내리신 하사품입니다. 차에 대한 제반 경비는 물론 저희가 부담하겠습니다."

가르시아는 이 갑작스런 제의에 어안이벙벙했다.

"나는 차가 필요할 정도로 바쁜 몸이 아닙니다. 성의는 고맙지만 사양하겠습니다."

가르시아는 단호한 어조로 거절했다.

"두어 두시면 어차피 필요하게 됩니다. 지금 당장만 해도 선생님께서 타고 나가셔야 하지 않겠습니까."

말투로 보아 아까처럼 아르세모가 가르시아를 집까지 데려다 줄 눈치가 아니었다. 가르시아는 더 이상 그와 실랑이를 벌이기가 싫었다.

"자, 그럼……"

가르시아는 자리에서 일어섰다. 아르세모는 출입문으로 향하는 가르시아를 따르면서 말했다.

"지난 주에 쓰신 피플모닝의 칼럼은 저도 아주 감명 깊게 읽었습니다. 그 전 예를 보면 일 주일에 한번씩 두 달 동안 쓰시는 것 같던데, 선생님께서도 예외는 아니겠지요?"

"그 신문사 편집국장이 내 제자요. 그 사람이 하도 간절히 매달리는 바람에 마지못해 응했더니만 영 성가시고 귀찮기만 하군요."

그러나 아르세모는 그 말을 못 들은 척 외면했다.

비토리오 성에서 나온 가르시아는 운전 기사에게 자임실가 사십 사번지로 차를 몰게 했다. 거기에 테레사가 살고 있는 아파트가 있었다. 그 날 아침 그가 그녀에게 전화를 걸었을 때, 그녀는 다가오는 여름방학 중에 남편이 유학 가 있는 스웨덴을 방문할 계획이라면서 가르시아에게 여권서류에 필요한 신원보증서에 서명해 줄 것을 부탁했다.

"그럼 오후에 외출하지 말고 집에서 기다려."

그는 그렇게 말했고,

"오시겠어요?"

"그래."

"어머, 반가워라. 그럼 나 오늘 오랜만에 예쁘게 한번 꾸며 봐야겠네. 보아 주는 사람이 없으니까 저 요즘 아무렇게나 입고, 아무렇게나 되는 대로 먹고, 아무렇게나 잠자고, 그러거든요."

그녀는 달뜬 어조로 몹시 반겼다.

그녀는 명색이 시인이고 대학 교수다. 나이 서른일곱인데, 그만하면 철이 들 만도 한 나이건만 가르시아 앞에서는 언제나 어린애처럼 응석을 부렸다. 그러나 가르시아는 그런 그녀가 싫지 않았다. 그녀가 그의 무릎에 올라앉아 양팔로 목을 껴안고 조잘조잘 쉴새없이 떠들어댈 때는 이 세상의 그 무엇과도 바꾸고 싶지 않을 만큼 그의 혼을 쏙 빼놓기가 일쑤였다.

차는 하이나 강변도로를 따라 이십 분쯤 달리다가 유니버시아드 공원 담장을 끼고 돌았다. 사울로 국립대학 정문이 멀찍이 바라보이는 대학로 네거리 앞에서 차는 멎었다.

화염병과 돌멩이를 던지며 교문을 나서려는 시위대와 이를 저지하려는 진압군으로 하여 도로는 완전 차단 상태였다. 가르시아는 차창을 통해 시위 광경을 착잡한 눈길로 지켜보았다. 노리에이와 사웅마우를 살인마로 규정한 구호의 현수막을 바라보면서 가르시아는 등골이 오싹해지는 공포감에 사로잡히는 자신을 의식했다. 지난 학기 초까지만 해도 대학가에 나붙은 현수막은 고작 군부 독재 물러가라는 정도였다.

어제 카이주아에서 일어난 발포 사건이 사태를 더욱 악화시킨 것이 틀림없었다. 노리에이가 정치 이선으로 후퇴함으로써 가까스로 고비를 넘긴 이태 전의 구월 항쟁을 가르시아는 정년 퇴임 직전인 대학에서 톡톡이 경험했다. 그 당시보다 최근의 시위 양상이 더 격렬하고 조직적이라는 점을 그는 상기했다.

"와!"

도로변에 줄줄이 늘어서서 시위 광경을 불안한 눈길로 지켜보고 있던 시민들이 지르는 함성이었다. 날아온 화염병을 미처 피하지 못해 옷에 불이 붙은 진압군 한 명이 길바닥에서 데굴데굴 나뒹구는 가운데 동료 진압군 서너 명이 분말소화기를 들이대고 불길을 잡으려고 허둥거리는 광경이 가르시아의 눈에 들어왔다. 구경꾼들 속에서 더러 박수를 치며 환호하는 사람들도 있었다. 시위 학생 하나가 화염병을 빙글빙글 돌리며 앞으로 뛰쳐나와 진압군을 향해 힘껏 던지고 도로 시위대 쪽으로 도망치는 광경도 그는 보았다. 텔레비전 화면에서는 이미 여러 번 보아 왔지만 시위 현장에서 그런 생생한 장면을 보기는 처음이었다.

고도로 훈련된 진압군을 돌멩이와 화염병으로 물리치기란 어차피 중과부적이다. 차라리 구호나 노래 정도로 무저항 시위를 벌인다면 명분도 서고 모양도 바로잡히는 시위가 되지 않을까. 진압군에게 폭력을 행사할 수 있는 명분을 주지 않기 위해서도 시위대는 최대한의 인내심을 발휘하는 세련미가 아쉽다고 가르시아는 생각했다. 그의 그런 생각에 호응이라도 하듯이 이 때 요란한 소리가 귀청을 때렸다.

따따따따……

최루탄이 터지는 가운데 진압군이 마침내 작전을 개시했다. 그들은 스크럼을 짜고 거리로 진출한 시위대 속으로 뛰어들었다. 곤봉에 머리를 얻어맞아 피를 흘리는 학생, 구둣발에 정강이를 차여 그 자리에 폭삭 고꾸라지는 학생 등등, 그 참혹하고 무참한 광경 앞에서 가르시아는 순간 피가 거꾸로 치솟는 것을 느꼈다.

이게 무슨 짓인가. 도대체 이게 무슨 짓들인가. 네 이놈들!

거리로 나서서 호령을 하고, 야단을 쳐야 마땅했다. 그러나 가르시아는 참담한 무력감에 사로잡힐 뿐, 그들을 상대로 아무것도 할 수 없는 자신이 말할 수 없이 서글펐다.

진압군에게 쫓기는 시위대와 시민들을 피해 차는 재빨리 샛길로 빠졌다. 운전 기사의 운전 솜씨는 노련하고 익숙했다.

자임실 가 사십사번지에서 한 블럭 떨어진 롯데리아 백화점 앞을 지날 무렵 가르시아는 차를 세웠다.

"나는 이제 다 왔네. 여기서 조금만 걸어가면 되니까 자네는 그만 돌아가도록 하게."

운전 기사는 재빨리 차에서 내려 차문을 열어 주었다.

"저는 오늘부터 선생님을 잘 받들어 모시라는 엄명을 받았습니다. 어디서 기다리라는 지시만 내려 주시면 그곳에 가 대기하고 있겠습니다."

사십대 안팎으로 보이는 운전 기사의 태도는 의외로 완강했다.

가르시아는 차에서 내리려다 말고 고개를 들어 그를 똑바로 쳐다보았다.

"자네 이름은?"

"조이틴우라고 합니다."

"나는 여기서 볼일이 좀 길어질 것 같으니까 기다리지 말고 돌아가 주었으면 하네. 내가 신경이 쓰여서 그래. 내 말을 알아듣겠나?"

운전 기사는 주저하면서 말했다.

"선생님 댁에 가 기다리겠습니다. 볼일 마치시는 대로 연락을 주시면 제가 다시 모시러 오겠습니다."

"번거롭게 굴지 말게. 나는 같은 말을 두 번 반복하는 것이 싫어. 다시 말하지만 내 걱정 말고 자네는 자네 볼일이나 봐."

가르시아는 앞을 막아선 운전 기사를 지팡이로 비켜나게 하고 차에서 내렸다. 더 이상 어떻게 해볼 수 없게 된 운전 기사는 잠시 난감한 표정을 짓고 점점 멀어져 가는 그의 뒷모습을 망연히 지켜보았다.

가르시아는 아파트단지 안으로 들어섰다. 아파트 상가에 조그만 꽃집이 있다는 것을 그는 알고 있었다. 그는 그 꽃집에서 흑장미 두 송이를 사 들고 지팡이를 휘휘 내저으며 그녀가 살고 있는 아파트로 향했다. 그가 들고 다니는 지팡이는 그러니까 그의 주머니에 든 지갑처럼 그가 젊은 시절부터 들고 다닌 일종의 휴대품이었다.

"어머, 선생님."

가르시아를 맞이한 테레사는 문을 닫고 돌아서기가 무섭게 망설이는 기색도 없이 그의 목에 매달렸다. 그는 하마터면 넘어질 뻔 기우뚱거렸으나 이내 중심을 잡고 그녀의 등을 서너 번 다정하게 두

드려 주었다. 그녀는 그의 볼을 손바닥으로 쓸어 보고 뒤꿈치를 한 껏 들어 가볍게 키스한 다음 머리를 그의 가슴에 기대고 눈을 감았다. 몹시 행복해 하는 그녀의 밝은 표정을 들여다보면서 가르시아는 모처럼 심장이 더워지는 것을 느꼈다.

테레사는 자기 감정을 즉흥적으로 분출해 버린다. 좋으면서도 싫은 척 시치미를 떼거나 싫으면서도 상대방의 감정을 다치지 않게 하기 위해 적당히 얼버무리는 위장僞裝은 절대 하지 않는다. 좋으면 좋다, 싫으면 싫다, 그 즉석에서 자신의 감정을 표출해 버리기 때문에 때로는 본의 아니게 오해도 받고 손해도 보는 모양이지만 본인은 그 같은 일로 빚어지는 손익 관계에 개의치 않는 듯했다. 외교관이었던 아버지를 따라 미국에서 오래 사는 동안 그곳 사람들의 인습에 은연중 익숙해진 탓인지도 모를 일이었다.

"오늘 파출부가 오는 날이에요. 오후에 와서 청소와 빨래를 해주기로 되어 있었는데, 내일 오라고 연락해 두었어요. 집 꼴이 말이 아니죠?"

"나는 이대로가 좋아요."

가르시아는 빙그레 웃어 보였다.

"나는 이대로가 좋아요."

테레사는 짓궂게 입술을 비쭉거리면서 가르시아의 말투를 흉내 내었다. 이십 년 전이나 지금이나 조금도 변함이 없는 그녀를 바라보면서 가르시아는 문득 자기 혼자만 후딱 늙어 버린 것 같은 안타까움으로 가벼운 한숨이 흘러나왔다.

그녀는 부엌으로 들어가더니 양주병과 건포도가 담긴 접시를 양손에 들고 나왔다.

"한 잔 하셔야죠?"

"그러지."

테레사는 양주를 가득 따른 잔을 그에게 건네주었다. 가르시아는 잠자코 잔을 받아 한 모금 음미하듯 마셨다. 빈 잔을 만지작거리고 있던 그녀가 그를 향해 흘기듯 미소를 지어 보였다.

"저도 한 잔 주세요."

가르시아는 웃으면서 그녀의 잔을 채워 주었다. 그 때 출입문 틈서리에서 무엇인가 사각거리는 소리를 그들은 들었다. 두 사람은 숨을 죽이고 출입문 쪽을 바라보았다. 출입문 밑바닥 틈서리로 신문이 밀려들어왔다. 테레사는 어깨를 한번 으쓱 추스르고 나서 잔을 들어 단숨에 마셔 버렸다. 가르시아도 잔을 비워냈다.

"우울해 보여요. 오늘 무슨 일이 있었어요?"

"아무 일도."

그는 머리를 가로젓고 나서 팔을 뻗어 그녀의 손을 넌지시 잡았다. 그녀는 기다렸다는 듯이 그의 무릎에 엉덩이를 걸쳤다. 그는 그녀의 허리를 안은 팔에 서서히 힘을 가했다. 그녀의 숨소리가 조금 높아지는 것을 그는 알았다. 더 이상 참을 수 없는 욕정을 그는 느꼈다.

가르시아가 그녀를 처음으로 안아 본 것은 그녀가 대학원을 마친 직후였다. 자이주이 섬으로 여름 휴가를 함께 간 것이 빌미였다. 그보다는 지금 테레사의 남편이 된 소이수키가 갑작스런 몸살기를 이기지 못하고 먼저 사울로로 돌아간 것이 결정적인 계기가 되었는지도 몰랐다. 그 때 가르시아는 오십대 초반이었지만 어려서부터 심장성 천식으로 고생해 온 소이수키보다 더 건장한 체력을 과시하는 중년 신사였다.

가르시아는 세면실에서 더운 물로 샤워를 했다. 그는 뿌옇게 흐려진 거울에 언뜻언뜻 비치는 자신의 벗은 몸뚱이를 훔쳐보면서 테레사와 관계를 맺고 난 직후에 으레 겪게 되는 가책으로 가슴이 떨렸다. 소이수키로부터 청혼을 받았다고 테레사가 고백했을 때, 단호한 태도로 반대하지 못했던 자신을 가르시아는 두고두고 후회했다. 가르시아가 보기에 두 사람은 성격이나 사고 방식이 애초부터 어울릴 수 없는 사이였다. 가난한 집안에서 고생하며 성장한 소이수키는 매사 소극적이고 내성적인 데 비해 테레사는 그 반대였다. 너희들은 안 맞아. 그렇게 만류했어야 옳았다. 그의 불길한 예감은 오래지 않아 현실로 드러났다. 그들은 결혼 오 년 만에 별거에 들어가는 소동을 벌였고, 소이수키는 그 길로 유럽 유학을 떠난 뒤 의도적으로 귀국을 미루고 있었다.

테레사가 부엌에서 저녁을 준비하는 동안 가르시아는 한 대접의 꿀물을 달게 마신 다음 소파에 깊숙이 기대 앉아 조금 전에 배달된 신문을 가져다 읽기 시작했다. 신문을 펼칠 때마다 느끼는 감정이지만 대문짝만하게 내세운 시커먼 타이틀이 항상 공포감을 불러일으켰다. 신문에는 수도 사울로 소재의 십삼 개 대학 학생 대표들이 사울로대학 학생회관에서 모임을 갖고 군정 종식을 위한 결의문을 채택한 뒤, 각 학교별로 일제히 연합 시위에 돌입함으로써 전국이 초긴장 상태에 이르렀다는 소식과 함께 모든 불법 시위는 공권력을 투입하여 강력히 대응한다는 마옹사우 대통령의 특별기자회견 내용이 비교적 상세하게 소개되어 있었다. 도서관에서 집으로 돌아가는 여고생 네 명을 강제로 납치해다 성폭행을 자행한 다음 매음굴에다 팔아 넘긴 인신매매단 열한 명 중 여덟 명이 체포되었다는 기사가 있는가 하면, 강도 및 강간 혐의로 체포되어 재판에 계류 중인

딱벌레 일당 여섯 명이 재판정으로 향하는 호송차에서 교도관이 차고 있던 권총을 빼앗아 집단 탈출을 감행했다는 참으로 어이없는 기사도 실려 있었다. 여기다가 처이계이 방직공장과 다이우 자동차 공장 노조원들이 처우 개선을 요구하면서 회사 기물을 무차별 파괴했다는 기사 역시 사회면을 장식하고 있었다.

테레사는 부엌과 거실 사이를 재바르게 오가면서 마치 또랑물이 부딪히는 듯한 맑고 투명한 웃음을 터뜨렸다. 그녀와 관계를 맺고 난 직후엔 으레 뒤가 켕기는 죄의식에 사로잡혀 절로 과묵해지는 가르시아와는 반대로 그녀는 다정다감한 태도를 더욱 노골적으로 표현했다. 섹스에 관해서도 그녀는 가르시아보다 훨씬 능동적이고 적극적이었다.

"카이주아에서는 대학생이 총 맞아 죽고, 부마사이에서는 경찰서가 습격을 받아 불탔다고 하던데요. 우리 학교도 벌써 보름째 강의를 못 하고 있어요. 유비 통신流蜚通信에 따르면 사울로에도 조만간 계엄령이 내려질 거래요. 사울로에 계엄령이 내려질 정도라면 사태는 갈 데까지 갔다고 봐야 하겠죠?"

"……"

"군부 독재 물러가라, 노동 악법 철폐하라, 시국 사범 석방하라, 학원 사찰 중지하라, 언론 자유 보장하라——다 일리 있는 말이잖아요. 노리에이, 마웅사우 다 물러가라는 것도 그렇구요."

가르시아는 손깍지를 끼고 베란다 유리창 밖으로 시선을 보냈다. 어둠살이 내리기 시작하는 유리창 너머로 배구공만한 수은등 하나가 허공에 둥실 떠 있었다. 가르시아가 기억하기로 작년 가을까지만 해도 테레사는 학생 데모에 넌절머리를 내고 있었다. 자고 나면 데모, 자고 나면 데모, 이젠 진절머리가 나요. 학생들이 그런다고 뭐 하나 고쳐지는 것도 없잖아요. 그러던 그녀가 이제 와서 학생들을 비호하는 태도로 변한 것은 무슨 연유일까.

"신문에 뭐가 났어요?"

그녀는 탁자 위에 놓여 있는 신문을 집어들었다. 그녀는 여기저기 들춰 보고 나서 대번에 우스꽝스런 표정을 지었다.

"최근에 빈번히 나타나고 있는 일련의 법질서 문란 현상은 민주주의 자체를 위협하고 있을 뿐만 아니라, 사회 안정과 국가 발전에 정면으로 도전하는 중대한 상황에 이르렀다? 흥, 이제야 발등에 불이 떨어진 줄을 알아차린 모양이군요. 각종 이해 집단의 폭력적인 시위는 더 이상 방치하지 않겠다? 죄 없는 사람 또 여럿 다치게 생겼네요. 합법적이고 정당한 노조 활동은 앞으로 계속 보호, 지원해 나가겠지만 탈법적이고 파괴적인 집단 행동에는 의법 조치를 강구하지 않을 수 없다? 엉터리 근로기준법부터 고쳐 놓고 해야 할 말이에요."

부엌에서 이상한 소리가 들려 왔다. 가스렌지에서 나는 소리인 것 같았다. 그녀는 신문을 팽개치고 부엌으로 들어갔다가 잠시 후에 다시 나타나서 신문을 들고 아까처럼 고개를 까닥거리면서 말했다.

"여기 보셨어요, 선생님? 민족민주연합회에서 모처럼 한 말씀 하셨네요. 파시스트들이 기득권을 놓치지 않기 위해 꾸민 음모라는 거예요. 만일 정부·여당이 체제 수호란 미명하에 학생 및 시민들의 민주화운동을 무력으로 탄압한다면 이는 국민과 정부를 위해서도 좋지 못하며, 정국은 다시 우려할 국면으로 나가게 될 것임을 엄중히 경고해 둔다. 선생님은 어떻게 생각하세요? 이러다가 진짜 한바탕 불이 붙는 게 아닐까요?"

가르시아는 밤이 늦어 테레사의 아파트를 나섰다. 그가 택시를 타고 그의 자택에 도착했을 때는 열시가 지나 있었다. 제자 두 명이 찾아와서 무려 두 시간이나 기다리다가 돌아갔다고 시르바가 말했다. 흔히 있는 일이어서 그는 그다지 개의치 않고 이층 서재로 올라갔다.

2

소이기아한테서 전화가 걸려 온 것은 그 이튿날 오후였다. 그는 어제 저녁에 이시호우와 함께 가르시아를 방문했으나 부재 중이어서 만나지 못하고 집으로 돌아갔다는 사실을 먼저 설명했다.

"누가 찾아왔더라는 이야기는 들었지. 자네들이었구먼."

"네, 선생님. 지금 이시호우 군과 함께 다시 찾아가 뵙고 싶은데 선생님 사정이 어떠십니까?"

"지금 말인가?"

가르시아는 내키지 않았다. 비토리오 성에서 보내 온 승용차가 대문 밖에 대기하고 있어 그의 심경이 몹시 불편한 상태였다. 그러나 모처럼 찾아오겠다는 제자들을 매정하게 박대할 처지도 아니었다.

"그러도록 하게."

승락할 수밖에 없었다.

"그럼 지금 곧 찾아뵙도록 하겠습니다."

가르시아는 전화를 끊고 베란다로 나가 대문 앞 한길을 내다보았다. 차는 여전히 골목 어귀 나무 그늘 속에 서 있었다. 운전 기사는 의자 등받이를 뒤로 젖히고 반쯤 드러누운 자세로 졸고 있었다. 가르시아는 그를 집 안으로 불러들여 차라도 대접하고 싶은 인간적인 배려마저 철저히 외면해 버렸다.

그는 아침에 차가 도착했을 때, 그 즉시 아르세모에게 전화를 걸어 승용차의 철수를 정식으로 요청했다. 그러나 아르세모는 그의 요구를 정중히 거절했다.

"죄송합니다만 그건 제 소관사가 아닙니다. 그 차의 소유주는 엄연히 선생님이니까요."

"어제도 이야기했지만 나는 차가 필요 없는 사람입니다. 어쩌다 시내에 들어가는 외에는 되도록 외출을 삼가고 있어요. 집 앞에다 차를 세워 두면 부담이 돼서 나는 하루 종일 아무 일도 못하게 됩니다. 차가 필요할 때마다 연락을 드릴 테니까, 일단 철수시켜 주시오."

"정 그러시다면 며칠만 참아 주십시오. 나중에 기회 봐서 각하께 말씀을 드리고 나서 적절히 조처하겠습니다."

소이기아와 이시호우가 도착했다. 소이기아는 여전히 까무잡잡한 얼굴이었고, 이시호우는 귀공자다운 면모를 유지하고 있었다. 두 사람은 입학 동기생이지만 졸업은 이시호우가 무려 오 년이나 빨랐다. 이시호우는 시인이면서 동시에 가르시아의 열다섯 권짜리 시전집詩全集을 낸 출판사의 편집장이었고, 소이기아는 대학 시절에 시위를 주도한 혐의로 퇴학을 당했다가 나중에 복학하여 가까스로 졸업장을 받았고, 그 즈음 재야단체인 민족민주연합회 사무차장으로 일하고 있었다. 두 사람 다 서른두 살의 혈기왕성한 젊은이로 카이주아 출신이었다.

"피플모닝에 쓰신 선생님의 칼럼은 잘 읽었습니다."

"그랬나."

"모든 권력은 국민으로부터 나오는 것이 아니라 비토리오 성에서 나온다는 것이 문제라고 지적하신 한 대목만으로도 묵은 체증이 싹 내려간 느낌이었습니다. 저뿐이 아니고 이시호우 군도 같은 의견이었습니다. 피플모닝이 아니었다면 아마 실어 주기 어려운 글이 아니었나 싶습니다. 피플모닝은 그나마 약간 진보적인 색채를 띤 신문이니까요."

"자네도 같은 의견이란 말이지?"

가르시아는 이시호우에게 물어 보았다. 이시호우는 학생 시절부터 자기 의견을 드러내기보다 주로 다른 사람의 이야기를 잠자코 듣는 편에 속하는 과묵형이었다.

"네, 선생님."

그는 짧게 대답하고 이내 고개를 숙여 버렸다. 가르시아는 내심 고개를 갸웃거리지 않을 수 없었다. 비교적 온건한 편인 이시호우라면 혹 모를 일이나 블랙리스트에 올라 있는 소이기아가 어째서 그 글에 이처럼 감동하고 있는지 그는 납득할 수 없었다.

"내가 자네들을 잘못 가르쳤나 보네."

"네에?"

소이기아는 의외라는 듯 눈을 크게 떴다. 이시호우는 표정의 변화 없이 여전히 침묵을 지켰다.

"앞뒤 문맥은 제쳐놓고 문장 하나를 똑 떼어 가지고 좋다 나쁘다 평가한다는 건 대단히 위험한 발상이야."

"물론입니다. 하지만 선생님의 글에는 분명히 냉소적인 야유가 숨어 있었습니다. 얼핏 보기에는 이쪽도 저쪽도 아닌 것 같지만 알만한 사람은 다 알아차릴 수 있는 내용이 행간 속에 숨어 있었으니까요."

"그게 또 그런 건가."

"하고 싶은 이야기라고 해서 구체적으로 표현했다가는 쥐도 새도 모르게 나이나이로 제꺽 잡혀가는 세상 아닙니까."

"나이나이?"

"네, 선생님. 거기에 한번 들어갔다 하면 누구나 반병신이 되어 엉금엉금 기어나오는, 무시무시한 곳입니다. 주리 틀고, 거꾸로 매달아 놓고 고춧가루물 먹이는 것쯤은 차라리 양반 대접이라고 합니다. 군인을 군바리라고 묘사한 단어 하나로 잡혀가서 초주검을 당하고 나온 작가가 있지 않습니까."

"그게 누군가? 나는 처음 듣는 이야기로군."

"작가 하나수사 씨입니다."

하나수사는 장래가 촉망되는 젊은 작가였다. 여러 사람과 어울려 가르시아의 집에도 두어 차례 놀러 온 적이 있었다.

"하나수사라면 그 사람 작품 경향이 대단히 서정적인데?"

"그렇습니다, 선생님. 일종의 예술지상주의자죠."

가르시아는 쓴웃음을 짓지 않을 수 없었다. 다른 사람도 아닌 하나수사가 그런 불상사를 당했다면 이건 분명 넌센스였다.

"언제 그런 일이 있었단 말인가?"

"여태 모르고 계셨군요. 두어 달 전입니다. 지금 하나수사 씨는 절필을 선언하고 자이주아 섬으로 건너가 요양중인데, 후유증이 심각하다는 이야기를 전해 들었습니다."

"무서운 세상이로군."

"저들은 지금 체제 수호라는 미명하에 각계 각층의 지도급 인사들을 제도권 안으로 끌어들이되, 여의치 못한 인사는 사회적으로 아예 매장시켜 버린다는, 재야 말살 작전을 전개하고 있습니다."

소이기아는 새삼 조심스런 어조로 변하면서 옆에 나란히 앉아 있는 이시호우를 슬쩍 바라보았다. 여태까지의 이야기는 서두에 불과하고 정작 하고 싶은 이야기는 지금부터라는 것을 그들의 굳어진 표정이 먼저 말해 주고 있었다. 이번에는 소이기아가 아니라 이시호우가 말을 이었다.

"들리는 말에 의하면 선생님께서도 어제 노리에이의 초청을 받고 비토리오 성에 들어가셨다고 하던데, 하도 말 같지 않아 믿고 싶지는 않습니다마는, 혹시나 해서 여쭤 봅니다. 그 소문이 사실입니까?"

이 사람들이 어디서 그런 정보를 얻어 들었을까. 어쩌면 비토리오 성에서 의도적으로 정보를 누설해 버릴 수도 있기는 했다. 대기실에서 얼핏 시선을 마주친 적이 있는 노이무앙과 차이서린, 그리고 또 한 사람의 낯선 얼굴을 가르시아는 떠올렸다. 그 사람들 중의 누군가가 소문을 퍼뜨렸을 가능성도 배제할 수는 없었다. 훔치다가 들켜 가위 눌린 아이처럼 얼굴을 붉히는 가르시아를 향해 두 사람은 의미심장하게 눈길을 마주치며 희미하게 웃어 보였다.

"자네들 그 이야기는 어디서 누구한테 들었나?"

"역시 사실이었군요."

소이기아가 이렇게 중얼거리자, 이시호우 역시 맞장구를 쳤다.

"사실이라면 정말 실망입니다."

"실망이라니?"

가르시아는 표정이 굳어지지 않을 수 없었다. 비토리오 성에 들어가 노리에이와 단독 면담을 가졌다는 사실을 숨길 의도는 물론 조금도 없었다. 표현의 뉘앙스는 조금 달랐다 하더라도 결국 양심수 석방을 요구했고, 자유 언론 보장과 장기 독재의 폐단을 노리에이 면전에서 질타했다는 점에 그는 긍지와 자부심을 갖고 있었다. 그런데 실망이라니, 그게 무슨 버릇 없는 말투인가. 그러나 그는 나이 어린 제자들 앞에서 그러한 사실을 시시콜콜 설명하여 이해를 구한다는 자체가 오히려 궁색스럽게 여겨졌다기보다 그는 적어도 두 가지 점에서 그들의 태도가 먼저 불쾌하기 짝이 없었다. 처음부터 가슴에 새겨 가지고 찾아온 배포는 따로 있으면서도 가르시아의 칼럼을 잘 읽었다고 추켜올린 간사한 태도가 못마땅했고, 두 번째는 저간의 내막이나 의중을 바로 헤집지도 못하면서 단지 가르시아가 비토리오 성에 들어갔다는 그 사실 하나만 가지고 실망이니 뭐니 가당치도 않은 언사를 함부로 내뱉어 버리는 그들의 성급하고 불손한 태도 역시 마음에 안 들었다.

"사실이야. 그런데 말이지……"

그 순간, 이시호우가 시큰둥한 어조로, 변명 따위는 듣고 싶지도 않다는 건방진 태도로, 그의 말을 가로채어 버렸다.

"밖에 못 보던 승용차가 대기하고 있더군요. 노리에이의 하사품인가요?"

추궁이라기보다는 차라리 영락없는 빈정거림이었다. 스쳐가는 모멸감으로 하여 가르시아는 온몸의 피가 머리로 치솟는 듯했다. 그는 경련으로 입술 근육이 보기 흉하게 일그러지는 것도 알아차리지 못했다. 온몸을 부들부들 떨면서 가르시아는 발작을 일으키듯 고함을 질렀다.

"너희들, 지금 당장 일어서!"

아래층에 있던 시르바가 그 소리를 듣고 놀라서 층계를 뛰어올라

왔다. 그러나 그녀는 가르시아의 일그러진 얼굴을 보는 순간 아무 말도 못하고 입을 다물어 버렸다. 한번 성깔이 폭발해 버리면 아무도 만류할 수 없다는 것을 그녀는 오랜 체험으로 익히 알고 있었다.

소이기아와 이시호우 역시 파랗게 질린 얼굴로 엉거주춤 일어설 수밖에 없었다.

"나가!"

가르시아는 출입문을 손가락으로 가리켰다.

"선생님, 사실은 저어……"

두 사람은 무언가 변명을 늘어놓으려고 어물어물 부리를 헐었다. 그러나 가르시아는 그들의 시시한 변명 따위는 듣고 싶지도 않을 뿐더러 자신의 체통이나 품위를 사리고 껴안을 겨를이 없을 정도로 지레 흥분해 버렸다.

"나가라고 하지 않았나!"

가르시아는 그들의 등을 떼밀어 내쫓고 나서 출입문을 우당탕 닫아 걸어 버렸다. 그리고 그는 가쁜 숨을 몰아쉬며 고래고래 고함을 질렀다.

"다시 내 앞에 나타나기만 해 봐라. 내 육십 평생을 살아오면서 이런 모욕을 받아 보기는 난생 처음이야. 못된 것들!"

대문 밖으로 쫓겨난 이시호우와 소이기아 역시 모욕감을 느끼기는 마찬가지였다. 오랫동안 존경해 온 스승이자 문단의 대선배 아닌가. 그런 가르시아가 앞뒤 헤아리는 법도 없이 지레 흥분하여 고함까지 내지르면서 기껏 찾아온 제자를 문 밖으로 축출한다는 것은 상식에 어긋나는 파행 중의 파행이었다.

"우리가 뭘 잘못했다고 저 야단이지?"

소이기아는 대문을 노려보면서 노골적으로 불만을 터뜨렸다. 이시호우 역시 마찬가지였다.

"노리에이 그 자식한테 크게 받아 먹은 것이 있으니까 양심에 찔리는 구석이 있다는 증거야. 그렇지 않고서야 저렇게 펄펄 미쳐 날뛸 까닭이 없지."

소이기아와 이시호우를 내쫓은 지 한 시간쯤 지나 가르시아는 혼자 대문을 나섰다. 집 뒤쪽으로 난 골목을 빠져나가면 야산으로 오르는 산책길이 있었다. 시르바가 따라나서고 싶어하는 눈치가 역력해 보였지만 그는 모른 척 외면해 버렸다. 교회 담장을 끼고 돌아가는데 마침 낯이 익은 목사가 그를 알아보고 인사를 건네었으나, 가르시아는 지팡이 끝으로 향한 눈길을 고정시킨 채 아무 대답 없이 그를 지나쳤다. 목사가 고개를 갸웃거리면서 그의 뒷모습을 한참 동안 바라보았는데, 그는 그것도 눈치채지 못했다. 그는 그만큼 자기 생각에 빠져 있었다.

"아무리 화가 나셨더라도 그렇지, 모처럼 집에 찾아온 제자를 그런 식으로 내쫓는 사람이 어딨어요. 설령 그 사람들이 서운하고 못마땅한 언동을 보였더라도 주인 된 처지로 너그럽게 이해하고 아량을 베풀었어야지요. 당신 오늘 크게 실수한 줄이나 아세요. 눈이 휘둥그래져 허둥지둥 쫓겨나는 두 사람을 보니까, 쥐구멍에라도 기어들고 싶도록 얼굴이 뜨거워 못 견디겠더라구요."

시르바의 충고가 아니었더라도 가르시아는 벌써 자신의 경솔한 태도에 말할 수 없는 혐오감을 느끼고 있었다. 그것은 한마디로 도저히 돌이킬 수 없는 추태였다. 아들보다 딸보다도 나이 어린 제자들 앞에서 그 무슨 포악한 망발이었단 말인가. 그들은 돌아가면서 아마 이렇게 중얼거리지 않았을까. 그 노인네 벌써 노망이 들었나. 노망이 들어도 아주 더럽게 들었다. 그래, 이건 노망이다. 노리에이가 부른다고 덜렁덜렁 쫓아간 것부터가 잘못이었어. 거기가 어디라고, 지금 내가 그곳을 출입했단 말인가. 가지 않겠다고 버티었더라도 그들이 내 모가지에 밧줄을 걸어 끌어당기지는 않았을 것이 아닌가. 노리에이와의 면담을 거절한다고 해서 사울로대학에 재직중인 아들이 학교에서 쫓겨날 것도 아니고, 외교관인 남편을 따라 영국에 유학중인 딸의 앞날에 어떤 위해가 가해질 것도 아닐 것이고, 지명 수배를 받아 도피중인 손자의 신변이 더더욱 곤란해질 것도 없지 않겠는가. 지금 수천 명의 양심수가 억울한 옥살이를 하고 있다. 그들 가운데는 상당수의 문인도 포함되어 있다. 그들을 보더라도 노리에이의 권력에 빌붙어 아첨하지 않는다 하여 양심에 거리낌이 없다고 주장할 수도 없지 않겠는가. 앞에 나서서 마땅히 옳고 그름을 분별해 주어야 할 충분한 지위에 있는 사람이 침묵한다면, 그것도 일종의 직무 유기에 해당한다. 그의 머리 속은 생각의 실마리가 얼키고 설켜 복잡하게 들끓고 있었다.

소위 운동권에서 소이기아는 우상과 같은 존재였다. 당국에서는 그의 이름만 들어도 지레 체머리를 흔들 정도라는 말을 가르시아는 여러 번 들었다. 언제 어디서 어떤 죄목으로 발목이 잡혀 체포될지 모르는, 보는 사람으로 하여금 마치 살얼음판을 딛듯 항상 아슬아슬한 삶을 위태롭게 살아가는 소이기아를 내쫓았다는 그 사실 하나만으로도 가르시아는 용서받기 어려운 죄악을 저질렀다는 참담한 심경이었다. 그가 설령 비위에 맞지 않은 언동을 보였더라도, 아직 나이 어려 매사에 경험이 부족한 데서 빚어진 본의 아닌 실수일 뿐이지 의도적으로 가르시아를 비난한다거나 추궁하려는 나쁜 소행으로 속단할 일은 결코 아니었다고 너그럽게 보아 줄 수도 있는 문제였다. 아주 순간적이기는 했지만, 투사입네 거들먹거리는 듯한 소이기아의 불손한 태도를 두고 은연중 못마땅하게 여겨 왔던 것은 아닌가 싶기도 했다. 열 번 스무 번 양보해서 그가 가슴에 품고 있는 오해에 대해 가르시아 쪽에서 조근조근 알아듣게 설명해 주었어야 옳았다.

아마 두어 시간은 족히 걸었던 것 같았다. 가르시아는 드디어 걷기를 멈추고 풀밭에 주저앉았다. 아직은 무더운 날씨가 아니었다. 더욱이 해가 저물면서 숲 속은 만만찮은 냉기마저 감돌았다. 그러나 그의 이마에는 축축한 땀이 배어났다. 그는 손수건을 꺼내 이마를 훔쳐내면서 아득히 내려다보이는 하이나 강을 바라보았다. 유니버시아드 공원 숲 왼쪽 선착장에서 이제 막 고동을 울리며 움직이기 시작하는 유람선을 따라 솔개 한 마리가 유유히 비행하고 있었다. 저물어 가는 햇살을 받아 비늘처럼 번쩍거리는 강물을 거슬러 오르던 유람선은 마침내 그의 시야에서 사라졌다. 얼핏 한가롭기 짝이 없는 저녁 풍경이었다. 그러나 이제 불빛이 하나 둘 돋기 시작하는, 가르시아의 눈에 비치는 거대한 도시 사울로는 시한 폭탄을 껴안고 있는 위험하고 불안한 존재였다.

가르시아는 사울로에서 태어나 사울로에서 평생을 살았다. 그가 사울로를 떠나 카이주아에서 잠시 피난 생활을 한 것은 삼십여 년 전 미국과 소련이 사울로를 중심으로 헤게모니 쟁탈전을 벌인 남북 전쟁 때였다. 양대 세계전쟁 이후 벌어진 가장 치열한 전쟁이었다. 삼십일 개월에 걸친 공방전에서 수십만 명의 희생자를 내었을 뿐 두 강대국의 전쟁놀이는 결국 소득 없는 무승부로 종지부를 찍었고, 그 전쟁의 후유증으로 경제 기반을 잃어 버린 사티노우 정권을 무너뜨리고 노리에이가 정권을 탈취했다. 노리에이는 도탄에 빠진 경제 건설을 최우선 과제로 내세웠고, 처음에는 국민의 지지도 획득했다. 그러나 쿠데타로 정권을 잡은 군부독재가 흔히 그랬듯이 그는 오래잖아 권위주의 통치권을 행사했고, 그의 추종자들은 각종 이권에 개입했다.

가르시아의 아버지 마르센코는, 마이주아 벌판에서 나라의 독립을 위해 분주한 사티노우 휘하에서 국내 및 국외에 연줄이 닿는 인물들에게 다리를 놓는 연락책으로 활약했다. 나라의 주권을 송두리째 빼앗긴 충격과 분노를 할복으로 저항한 할아버지 마르티아의 아들로서는 조금도 부끄럼 없는 일생을 살았는지 모르겠지만, 허구헌 날 외지로만 떠돌다가 바람결에 홀연히 나타났다가 바람처럼 흔적 없이 사라지기를 거듭한 남편의 역마살에 애간장이 녹아 버린 어머니 세지라의 견해는 차라리 저주에 가까웠다.

"세상 남정네치고 느이 아버지처럼 무심하고 매몰차고 허황한 사람은 일찍이 듣도 보도 못했다. 수하에 거느린 계집과 자식 하나 건사 못 하는 것은 제쳐 두고라도 사방 팔십 리를 남의 땅 밟아 본 적이 없다는 그 많은 처갓집 땅문서를 야금야금 발라간 야차 같은 인간이다. 세상 사람들은 느이 아버지를 독립군이라 높이 받들기도 한다더라마는, 나한테는 죽어도 잊을 수 없는 생판 웬수요, 불한당이니라."

그 아버지를 가르시아가 마지막으로 본 것은 해방 직전이었다. 사울로에서 어정거리다가는 자칫 학병으로 끌려갈 위기에 처해 있을 때, 어머니의 간곡한 당부를 못 이기는 척 받아들인다는 명분을 내세워 외가가 있는 카이주아로 내려가 그곳 수도원 암자에 파묻혀 무려 일 년 이 개월이나 숨죽이고 지내다가 모처럼 변장을 하고 귀가해 보니 공교롭게도 어머니가 어떤 사내 하나를 안방까지 끌어들여 동침 중이었다. 두 발을 천장으로 달랑 치켜든 희안한 자세로 연신 숨이 끊어지는 신음 소리를 내뱉으면서도 한사코 사내의 목에 아득바득 매달리는 어머니 못지 않게 사내 역시 뭐라고 두런거리는 사이사이에 도대체 그칠 줄 모르는 격렬한 몸놀림을 무한정으로 이어나갔다. 그 사내가 아버지였다는 사실을 가르시아가 알게 된 것은 해방이 되어도 귀가할 줄을 모르는 아버지의 행방을 찾아 마이주아 구석구석을 어머니와 함께 누비고 다니던 어느 날 밤이었다.

"느이 아버지는 마음만 먹으면 이틀 밤이라도 너끈히 지새울 수 있는 희안한 재간을 가지고 있었다야. 그것도 대내림인지, 느이 할아버지도 사울로에서는 첫손가락에 꼽히는 한량이었다는 말을 들었다."

혹 잠자리 재간이 부실해서 아버지를 집 안에 묶어 두지 못한 게 아니냐는 가르시아의 우스갯말에 펄쩍 뛰어 부정하고 나서 한껏 붉어진 얼굴로 그렇게 말하면서 깔깔 소리내어 웃어 버리던 그 어머니는 남북전쟁 당시 유탄을 맞고 세상을 떠났다. 그의 가슴에 안겨 허공을 그으며 내려뜨린 팔에 힘이 빠지면서 마지막 남긴 어머니의 당부를 그는 도저히 잊을 수 없었다.

"너 하나만이라도 너무 나서지 말고 진중하게 살아야 한다, 으이?"

어머니의 유훈遺訓을 지키려는 방편으로 시를 썼던 건 아니었다. 어쩌다 보니 가르시아는 시인이 되었고, 대학 교수로 평생을 보냈다. 그리고 그는 소용돌이치는 역사의 격랑에 휩쓸리기보다는 언제나 한 발짝 물러서서 가능하다면 초연하게 살고자 했고, 자식들에게도 그렇게 살기를 강요해 온 보람이 있어, 현재 사울로대학 사학과 주임 교수로 재직 중인 아들 모이구지 역시 그의 기대를 저버린 적이 없었다. 지금 시위 주동자로 낙인이 찍혀 지명 수배를 받고 도피중인 그의 아들, 그러니까 가르시아에게는 하나뿐인 손자 도이미나만은 예외로 쳐야 할 돌연변이랄까.

가르시아가 기억하는 한 도이미나는 할아버지 마르티아를 쏙 빼닮았다. 하관이 가파르고 짙은 머리숱이며 비쭉 큰 키가 특히 그랬다. 대학에 들어가기 직전까지만 해도 도이미나는 시인인 가르시아를 존경하고 친구들에게도 자랑하기를 서슴지 않았다. 그가 귀찮아할 정도로 도이미나는 걸핏하면 친구들을 데리고 예고 없이 불쑥 나타나서 귀여운 분탕질을 치고 돌아가기를 예사로 저질렀다. 그러던 그가 돌변한 것은 대학에 들어간 이후였다.

"지금 할아버지의 시를 읽는 학생은 거의 없어요. 시대에 뒤떨어졌다는 거지요. 피와 땀과 눈물로 얼룩진 빵이 다른 무엇보다 우선적으로 요구되는 각박한 현실을 외면하고, 무지개 아롱진 이슬 속에 서럽게 피는 장미꽃 사랑 따위는 차라리 사치예요. 배가 고파 신음하는 민중에게 힘과 용기와 투쟁심을 주는 그런 시가 아니면 존재 가치에 의문을 가질 수밖에 없다구요."

가르시아는 해가 저물어 켜켜로 묻어나는 어둠살을 느린 발끝으로 헤집으며 산에서 내려왔다. 이웃집 담벼락에 하루종일 붙어 있던 차가 보이지 않았다. 시르바가 대문 앞에 나와 그의 늦은 귀가를 초조한 낯빛으로 기다리고 있었다.

"오밤중이라도 당신 돌아오기 전에 떠날 수 없다고 부득부득 우기고 들었지만 알아듣게 타일러 보냈으니까 염려 마세요."

"저녁 식사나 대접해 보내잖구."

그러나 그녀는 정작 그 말에는 대꾸가 없고, 체면은 둘째치고라도 사리 분별조차 뒤죽박죽인 남편한테 아내로서 따끔한 한마디를 차제에 못박아 두기로 작정한 듯 망설이는 기색도 없이 야무지게 퍼부었다.

"버럭버럭 고함 내지른다고 당신 앞에서 꺼뻑 기죽을 사람 세상에 하나 없으니까, 지긋하신 연세 생각해서 이제부터라도 제발 그 팔팔 뛰는 성깔은 좀 죽이세요, 네?"

기다리느라고 딴에 잔뜩 부아가 나 있었던 모양인가. 그녀의 불편한 심기를 맞받아칠 명분도 기력도 가르시아에게는 없었다.

"당신 말이 백번 옳아. 어제 오늘에 걸쳐 경솔하게 처신한 점이 한두 가지가 아니어서 나도 실은 지금 속이 부글부글 끓어."

그는 대문 안으로 먼저 들어갔다. 대문에 빗장을 지르면서 처량하다 싶을 정도로 어깨가 축 처진 가르시아의 뒷모습을 훔쳐보면서 조금 전과는 전혀 다른 상냥한 어조로 시르바는 말했다.

"애비한테서 전화가 왔었어요."

"뭐래?"

"간밤에 도이미나한테서 전화가 걸려 왔는데 잘 지내고 있으니까 조금도 염려 말라고 그러더래요."

"어디서 어떻게 지낸다는 말은 없고?"

"어디 있느냐고 다잡아 물으니까 조만간 다시 연락하겠다면서 얼른 전화를 끊어 버리더래요."

조만간 연락을 다시 하겠다, 말은 그렇게 하지만 도이미나가 행방을 감춘 지 벌써 한 달이 넘었다. 무던하다는 평판이 자자했던 모이구지와는 달리 사사건건 대꾸가 당돌하고 거지가 범상치 않은 도이미나를, 그러나 가르시아는 내심 무척 사랑하고 있었다.

숨은 사랑

"그 녀석이 올해 몇 살이지?"

"스물하나에 들었지요. 여태 손자 나이도 몰랐수?"

"하는 짓이 맹랑하고 철딱서니가 없어서 그러오."

가르시아는 그의 두 번째 칼럼이 실린 신문을 들고 텔레비전 앞에 앉았다.

……얼핏 모순 덩어리처럼 보이는 사회일지라도 거기에는 그렇게 될 수밖에 없었던 필연적인 오랜 역사적 배경이 개재한다는 사실을 우리는 가끔 망각해 버리는 경향이 없지 않다. 당장에 어떤 이상적인 사회를 실현시켜야 한다고 주장하는 것은, 순수한 열정같이 보일 수도 있으나 사실은 그만큼 단순하다고 지적을 받아 마땅한 결점도 있게 마련이다. 이런 까닭에 급진보다는 점진적인 방법으로 사회적 모순을 개선해 나가야만 혼란이 생기지 않는다. 지금 우리가 가장 경계해야 할 문제는 바로 이 혼란을 여하히 극복해 나가느냐 하는 문제와도 직결된다……

그는 자신의 칼럼을 대충 살펴보고 나서야 처음부터 다시 신문을 뒤적거렸다. 여덟 면에 이르는 신문은 전국에 걸쳐 산발적으로 일어난 소요 사태 소식으로 채워져 있었다. 텔레비전도 마찬가지였다. 부마사이에서는 시위대의 습격을 받은 파출소가 화염에 휩싸였고, 카이주아에서는 시위대가 지나가는 트럭을 탈취하여 진압군을 향해 돌진하는 바람에 경찰 한 명이 그 자리에서 숨졌다는 소식이 현장 화면과 함께 되풀이 방영되고 있었다. 정부는 마옹사우 대통령 주재하에 긴급대책회의를 열고 있다고 뉴스는 덧붙였다.

어수선하고 착잡한 하룻밤이었다. 가르시아는 이리 뒤척 저리 뒤척 좀체 잠을 이루지 못하다가 새벽녘에야 깜박 잠이 들었는데, 그

바람에 그는 그만 늦잠을 자고 말았다. 시르바와 뭐라고 주고 받는 모이구지의 우렁우렁한 목소리에 그는 겨우 침대에서 일어났다. 그는 곧장 거실로 나갔다. 점퍼 차림의 모이구지가 신문을 들고 소파에 앉아 있다가 그를 향해 고개를 숙이면서 엉거주춤 일어섰다. 엎어지면 코 닿는 상거에서 딴살림을 하고 있는 그가 이른 아침부터 찾아왔을 때는 필경 그만한 연유가 있을 게 틀림없었다.

"간밤에 쿠데타가 일어났습니다."

"쿠데타?"

가르시아는 모이구지로부터 신문을 건네받았다. 대통령궁과 정부청사 정문에 버티고 선 장갑차 사진을 중심으로, 계엄군에 연행된 마웅사우 대통령 후임에 국방장관 르이아민이 대통령직을 승계했으며, 전국에 비상계엄령이 선포되었다는 내용의 크고 작은 타이틀이 어지럽게 박혀 있는 신문을 그는 분주히 뒤적거렸다. 르이아민은 노리에이의 심복이었고, 계엄사령관 마르세스 또한 같은 맥락으로 풀이할 수밖에 없는 노리에이의 친족이었다.

텔레비전에서는 르이아민의 특별 성명이 방영되고 있었다.

"……정부는 학원 및 일부 노조의 불법 난동이 민주적 기본 질서를 부정하는 것이므로 엄단되어 마땅하다는 것을 수차에 걸쳐 경고한 바가 있습니다. 그럼에도 불구하고 학원 소요와 노조의 불법 난동은 진정 기미를 보이기는커녕 오히려 시간이 흐를수록 과열, 폭력화되어 감으로써 극심한 사회 혼란을 야기하기에 이르렀습니다. 이러한 사태가 더 이상 계속된다면 그간 온 국민이 땀흘려 쌓은 경제 기반이 무너지고, 나아가 국가가 위태로울 것은 자명한 이치입니다. 이에 정부는 국가를 보위하고 칠천만 국민의 생존권을 수호하며, 안정 속에 성장과 발전을 바라고 있는 대다수 국민의 여망에 부응하여 일대 단안을 내리지 않을 수 없게 된 것입니다. 나는 대통령으로서 헌법과 관계 법규의 규정에 따라 금일 영시를 기해 현지 계엄을 비상계엄으로 전환 선포하고, 국가의 기강과 사회 안정에 필요한 조치를 취했습니다. 이번 조치로 국민의 일상 생활과 경제 활동에는 아무런 지장도 없다는 점을 천명하며, 모든 공무원은 국민의 공복으로서의 맡은 바 직분에 충실해 줄 것을 각별히 당부합니다."

가르시아에게 있어서 발등의 불은 도이미나였다. 그는 부마사이 아메리카 문화원 폭파 사건의 배후 주동자로 지목된 소위 극렬 분자였다. 협조를 구한답시고 가르시아를 찾아온 경찰관의 설명이 그러했다. 도이미나에 관한 한 이렇다 저렇다 일체 언급이 없는 모이구지도 그간 경찰에 불려 다니며 꽤나 견디기 힘든 핀잔과 구박을 받아 온 눈치였다. 그 애물단지 하나만 아니라면 설사 대문 앞에서 변란이 도모된다 하더라도 도대체가 후환을 두려워할 까닭이 없는 가르시아였다. 비상계엄령이 내려졌다면 검색과 검문이 엄중하고 살벌해질 것은 불을 보듯 뻔한 일이었다. 가르시아는 고개를 숙인 채 공연히 신문을 만지작거리는 모이구지를 슬쩍 건너다보았다. 이마에 쏠리는 가르시아의 시선을 느낀 모이구지는 무안당한 사람처럼 얼굴을 조금 붉혔다.

"일종의 친위 쿠데타로 봐야 하겠는데, 결국 수틀리게 나오면 힘으로 밀어붙여 버리겠다는 엄포가 아니면 위협이겠지요. 그렇지 않습니까, 아버님?"

"글쎄."

그러나 가르시아는 모이구지의 진단에 내심 동의하고 있었다.

"대통령이 바뀌었으니까 조만간 내각이 바뀌겠지요. 하지만 노리에이가 버티고 있는 한은 그 물이 그 물이겠지요."

"너는 어떤 변화를 기대하고 있는 모양이지?"

"솔직히 말씀을 드리면 지금 이대로는 곤란하다고 봅니다."

"나도 동감이다. 하지만 학생이 거리로 쏟아져 나와 돌이나 화염병을 던지고, 근로자가 자기 공장의 기물을 파괴하는 집단 행위는 곤란하지. 어떤 명분으로도 폭력이 정당화되어서는 안 돼."

"일부 극렬 분자가 선의의 투쟁을 가끔 망쳐놓기는 합니다만, 대부분의 학생이나 근로자는 순수하고 정당한 요구를 내걸고 정정당당하게 투쟁하고 있습니다. 오히려 정부 쪽에서 매스컴을 통해 사태의 본질과 상황을 왜곡시키고 있다는 점이 더 큰 문제입니다. 일단 짓누르고 보자는 식의 권위 의식이 뜯어 고쳐지지 않는 한 우리 사회의 갈등과 반목은 불가피하다고 생각합니다."

모이구지와 이런 식의 대화를 나누기는 난생 처음이었다. 그는 명색이 대학 교수이고, 촉망받는 소장 역사학자이지만 가르시아 앞에서는 언제나 기침 소리 한번 크게 내는 법이 없었다. 콩을 앞에 놓고 팥이라 우기더라도 감히 거역할 엄두를 내지 못할 만큼 모이구지는 가르시아 앞에서 언제나 기가 죽어 지냈다. 어려서부터 가르시아의 명성에 짓눌려 지낼 수밖에 없었던 열등감 탓인지도 몰랐다. 그러나 이제 그의 나이 사십을 넘어섰다. 아직도 어린애 같은 골샌님으로만 보아 온 모이구지의 입에서도 자기 주장이 흘러나올 수 있다는 사실이 가르시아로서는 놀랍고 대견스럽기도 했다. 내가 여태 사람을 잘못 보아 온 게 아닐까 의심이 들 정도였다.

"이런 말씀을 드리기가 송구스럽습니다마는, 며칠 전에 아버님께서 쓰신 피플모닝의 칼럼을 읽은 친구가 일부러 학교로 찾아온 적이 있습니다. 여태까지 초연하게 잘 계시던 아버님께서 지금 무엇이 아쉬워 그런 글을 쓰셨는지 이해할 수 없다는 소감을 피력하더군요."

"그런 글이라니?"

"얼핏 보면 정부를 비난하고 야유하는 것도 같지만 사실은 자꾸 극한 상황으로 밀어붙이려고만 하는 야당과 재야 세력을 싸잡아 꾸짖고 견제하려는 의도가 분명한 글이 아니냐고 그 친구는 의심하였습니다."

"그것 참 유감이로군."

가르시아는 어처구니없다는 듯 가볍게 웃고 말았다. 그러나 모이구지는 기왕 내친김이라는 듯 매우 조심스러워 하면서도 다시 결의에 찬 어조로 말했다.

"지금 나라 사정이 몹시 어수선합니다. 이런 때는 그저 잠자코 침묵하는 방법이 상책이 아닐까 싶습니다. 제가 잘못 보지 않았다면 아버님께서는 여태까지 정치적 소용돌이와는 무관하게 순수한 창작 활동으로 평생을 보내 오셨고, 바로 그런 점을 후학들이 높이 평가하고 있는 줄로 알고 있습니다."

"그러니까 한 마디로 칼럼은 그만 쓰라 그런 이야기냐?"

"그렇습니다."

처음부터 썩 내켜서 응했던 약속은 아니었지만 신문사 쪽에서 그만 두어 달라지 않는 이상 중도에 뚜렷한 명분이나 까닭 없이 집필을 거부할 수는 없는 일이었다.

"사람이란 제 지나온 이력의 분수대로 대접을 받게 마련이다."

모이구지를 돌려보낸 다음 가르시아는 이층 서재로 올라갔다. 그는 출판사나 후배 문인들이 보내 온 책자들을 살펴보면서 비교적 평온한 하루를 보냈다. 노리에이와 가졌던 짧은 면담 과정이 가끔 그의 뇌리를 스쳐갔다. 노리에이가 조만간 모종의 정치적 조치를 취하리라는 예감은 그 때 이미 어느 정도 짚어 보았던 게 사실이지만, 이런 식의 친위 쿠데타를 획책할 줄은 차마 몰랐었다. 가르시아는 불만이라기보다는 차라리 분노에 가까운 실망감이 앞섰다. 이건 국민의 귀와 눈을 속이는 사기 행위라고 그는 규정했다.

새 내각의 명단이 발표된 것은 이튿날 오후였다. 노이무앙과 차이서린이 각각 문교장관과 체신장관에 임명되어 있었다. 노이무앙은 그렇다 치더라도 차이서린의 입각은 예상 밖이었다.

저녁에 이시호우가 과일 한 바구니를 사 들고 가르시아를 찾아왔다. 그는 전날 무례하게 굴었던 사실을 두고 두 번이나 정식으로 사과했다. 가르시아는 그의 방문이 솔직히 반갑고 고마웠다.

"나도 사실은 그런 식으로 자네들을 돌려보내고 견디기 힘든 슬픔을 느꼈다네. 자네가 이렇게 찾아와 주니 얼마나 고마운지 모르겠네. 그런데 소이기아 군은 어째서 함께 오지 않았나?"

"소이기아는 한 시간 전에 카이주아로 내려갔습니다."

"카이주아는 왜? 지금 그곳 분위기가 매우 심상찮게 돌아간다는 얘기를 들었네."

이시호우는 조금 망설이다가 나직하게 대답했다.

"노이수키 여사가 그곳에서 집회를 열려다가 체포되었습니다."

노이수키라면 사티노우의 딸이며, 민족민주연합회 의장이다. 여러 갈래로 흩어진 재야 세력 가운데서는 그나마 가장 강력한 국민적 지지를 받고 있는 단체가 민족민주연합회였고, 의장인 노이수키는 반정부 재야 세력의 구심점을 자타가 인정하고 있었다. 소이기아가 카이주아로 내려갔다면 그의 이번 여행 목적이 어디에 있는가는 짐작하기 어렵지 않았다. 이시호우는 이번 쿠데타가 재집권의 발판을 노린 노리에이의 사기극이며, 명분 없는 계엄령은 즉각 철폐되어야 한다고 주장했다.

"제가 알기로 지금 전국의 운동권 학생들이 속속 카이주아로 집결중에 있습니다."

가르시아는 도이미나의 안부가 더욱 궁금했다. 어쩌면 지금 도이미나도 카이주아로 가는 열차를 타고 있을는지도 몰랐다. 도이미나의 평소 언행으로 보아 능히 그럴 수 있는 일이었다.

"자네 혹시 도이미나라는 이름을 들어 본 적이 있나?"

"잘 알고 있습니다."

이시호우는 웃으면서 대답했다. 가르시아의 눈이 번쩍 빛났다.

"그렇다면 그 아이가 내 손자라는 것도 알고 있겠구먼."

"물론입니다, 선생님. 사울로대학 모이구지 교수님의 아드님이라는 것도 알고 있습니다."

"그만한 내력을 꿰고 있다면 그 아이의 행방도 알고 있겠구먼. 지금 그 아이는 어디 있는가?"

이시호우는 고개를 가로저었다.

"소이기아 군과 가끔 연락을 주고받고 있다는 정도만 눈치로 알고 있을 뿐 그 이상은 저도 잘 모릅니다."

추궁을 모면하기 위해 거짓말을 꾸며대고 있는 것 같지는 않았다. 가르시아는 무거운 한숨을 토하면서 이렇게 말했다.

"그 아이와 혹 연락이 닿는다면 내가 조속히 한번 만나고 싶어하더란 말을 꼭 좀 전해 주게."

"알겠습니다."

이시호우는 대답하고 나서 잠시 사이를 두었다가 다시 말했다.

"이번 조각에 선생님께서도 입각 교섭을 받았지만 고사하셨다는 소문을 들었습니다."

가르시아는 눈을 크게 떴다.

"그런 사실 없네."

"시치미떼셔도 아는 사람은 이미 다 알고 있습니다. 정무장관에 내정되었다는 것까지 저희들은 알고 있습니다."

점점 모를 소리였다.

"아니야. 자네가 어디서 무슨 소리를 들었는지는 모르겠지만 전혀 사실무근이야."

이시호우는 의심에 찬 눈길로 가르시아를 바라보았다.

"비토리오 성에서 노리에이와 단독 면담을 가졌다는 소문은 사실입니까?"

"그건 사실이야. 허나 입각 교섭과는 거리가 먼 이야기 몇 마디만 주고받았을 뿐이네. 아마 그 일을 두고 사람들이 억측을 한 모양인데, 자네는 무슨 재간으로 그 같은 내력을 속속들이 다 짚고 있단 말인가?"

"그만한 루트가 다 있습니다. 몇 다리 건너서 얻어 듣는 정보인만큼 부정확한 내용도 없지 않지만."

"놀라운 일이군."

노리에이가 가르시아한테 자기를 도와 주기 바란다고 간청한 적은 있지만, 그것은 가르시아가 아닌 다른 누구에게도 요청할 수 있는 지극히 의례적인 인사라고 해도 그만이다. 그럼에도 정무장관에 내정되어 있었다니, 이 무슨 해괴한 유언비어인가.

가르시아는 이시호우가 돌아간 뒤에도 오래도록 나름대로 궁리해 보았지만 소문의 유출 근거를 헤아릴 재간이 없었다. 세상에 떠돌고 있는 유언비어라는 속성도 실은 모두가 이런 식의 허황한 근거에 기인하고 있는 이야기인지도 모른다고 가르시아는 생각했다. 그러나 시르바의 판단은 제법 현실적이었다.

"당신, 노리에이 장군을 만나 어떻게 처신했는지 대충 짐작이 가요. 비위 거슬리는 얘기만 골라서 하셨을 테니까요. 이런 사람 곁에 두었다가는 오히려 골치 아플 따름이다 생각하고 중도에 생각을 바꿔 버린 것이 틀림없어요. 손발 맞잡아 불이 나도록 비벼대도 낙점을 찍을까 말까 망설일 판국인데, 이러쿵저러쿵 가슴 아픈 약점만 찌르는 사람이라면 저래두 두 번 다시 만나고 싶지 않을 테니까요."

시르바는 바깥 출입을 모른 채 평생을 집 안에서만 살아온 아녀자였다. 가르시아는 그런 그녀를 거의 무시하다시피 지냈지만, 가끔 가다 이런 식의 충고를 받고 보면 내심 가슴이 뜨끔하도록 탄복하지 않을 수 없었다. 그러나 가르시아는 이 날도 약간 비웃듯이 이렇게 말했다.

"앞서서 천 리를 내다보는 신통한 재간도 다 가졌군. 당신 말마따나 비위 상하는 말로 약점을 조금 건드려 준 것은 사실이야. 허나 그 자가 나한테까지도 정치 일선에서 깨끗이 물러난 사람이라고 새빨간 거짓말을 입에 침도 안 바르고 태연하게 지껄이는데, 그걸 보고서도 비위 상하지 않을 사람이 어디 있겠나. 비위 상한 사람은 그 자가 아니고 바로 나야. 어디 그뿐인 줄 알아? 내 이제야 하는 말이지만 나를 앞에 앉혀 놓고설랑 내 시를 감명 깊게 읽었다고 면찬을 서슴지 않더라구. 지금 그 사람들이 시 읽을 경황이나 있는 사람이야? 씨도 안 먹히는 거짓말이지."

"노리에이 장군이 당신한테 장관으로 들어오셔서 바른 정치 좀 해주십사 간청했다면 당신 어떡허실 작정이었어요?"

"나는 정치하는 사람이 아니고 시 쓰는 시인이야. 그런 가당치도 않은 꿈은 다른 데 가서 알아보라지."

도이미나가 가르시아 앞에 나타난 것은 비상계엄령이 내려진 지 사흘째 되는 날 밤이었다. 가르시아는 침대에 누워 뒤꼍 담장을 뛰어넘는 인기척을 느꼈다. 그는 거실로 나가 커튼 사이로 어둠에 잠긴 뜰을 내다보았다. 뒤꼍 모퉁이에서 거침없이 돌아나온 검은 그림자의 머리 위로 골목 전봇대에 매달린 방범등이 희미하게 빛나고 있었다. 검은 그림자는 애타게 소식을 기다리던 도이미나였다. 가르시아는 문을 열고 조용히 섬돌로 내려섰다.

"동행이 있습니다."

도이미나가 뒤꼍으로 눈길을 보내면서 나직하게 말했다. 바지에 점퍼를 걸친 여자가 모퉁이 담벼락에 붙어 서 있었다. 가르시아는 두 사람을 안으로 먼저 들여보내고 공연히 대문의 빗장까지 살펴본 다음 그들을 뒤따라 거실로 들어갔다.

두 사람은 소파에 기대 앉아 있기에도 힘겨울 정도로 몹시 지쳐 있는 상태였으나 눈빛만은 괴이할 정도로 생기가 감돌고 있었다. 도이미나 또래의 그 여자 역시 대학생으로 이름을 메르다라고 소개했는데, 알고 보니 도이미나보다 한 학년 위였다. 시르바가 서둘러 차린 식탁에 마주 앉은 두 사람은, 처음에는 조금 주저하는 눈치였지만 곧 체면이고 분별을 따질 겨를이 없다는 듯 볼이 미어터지도록 먹을 것을 입에 우겨넣기에 분주했다.

"아버지한테 여기 온다고 연락했느냐?"

"아뇨."

도이미나는 고개를 가로저었다.

"지금 연락해 주랴?"

메르다를 슬쩍 건너다 본 도이미나는 잠깐 사이를 두었다가 고개를 살랑살랑 가로저었다.

"시간이 없습니다. 저희들은 곧 떠나야 합니다."

어떻게 설득해 볼 여지가 없을 만큼 그의 태도는 단호하고 완강했다. 기가 막힐 노릇이었다. 도대체 무엇이 이 아이를 이렇게 버릇없이 만들었는가. 가르시아는 지레 기가 질리는 느낌이었다.

"떠나다니?"

시르바가 물었다. 도이미나 대신 메르다가 대답했다.

"우리는 카이주아로 갑니다. 사울로역에서 동지들을 만나 새벽차를 타기로 약속이 되어 있습니다."

식사를 마친 다음 다시 소파로 자리를 옮겼다.

"할아버지, 돈 좀 마련해 주십시오. 지금 수중에 동전 한 닢 남아 있지 않습니다. 하다 못해 공중전화 걸 돈마저 없습니다."

"얼마나 필요하냐?"

"다다익선이죠."

도이미나는 아까보다 한결 생기가 도는지 씨익 웃어 보였다. 시계를 보니 아홉시 오십분이었다. 열시부터 이튿날 새벽 네시까지는 통금시간이다. 계엄령이 내려지면서 취해진 비상 조치였다. 십 분만 시간을 끌면 도리없이 하룻밤 묵어 갈 수밖에 없었다. 가르시아는 하룻밤이라도 집에서 그를 재워 보내고 싶었다.

"너도 아다시피 이 하래비는 집에 돈을 쌓아 둘 정도로 넉넉한 형편은 못 된다."

"많은 돈을 요구하는 게 아닙니다. 지금 가지고 계신 것만 주십시오."

"우물에서 숭늉 찾는 버릇은 여전하구나."

비록 여유 있게 웃어 보이기는 했으나, 녀석이 지금 당장 떠나겠다면서 자리를 박차고 일어설 것만 같아 가르시아는 가슴의 피가 마르는 듯했다. 도이미나는 자주 메르다를 건너다보았다. 그녀는 시르바가 갖다 놓은 커피잔을 만지작거릴 뿐 일체 말이 없었다. 눈치를 보자 하니 도이미나는 메르다가 어떤 행동을 하느냐에 따라 하룻밤 묵어 갈 수도 있고, 그녀가 굳이 떠나겠다면 그 역시 따라나설 기색이 역력했다. 메르다는 그다지 예쁘지는 않았으나 이목구비만은 제법 반듯했다.

"메르다 양, 밤이 너무 늦었어요. 무리하게 길을 나섰다가는 오히려 신변의 위험만 자초할 것 같은데, 기왕 늦었으니 여기서 하룻밤 묵어 가도록 해요."

가르시아의 말에 메르다는 맞은편 바람벽에 걸린 시계를 바라보았다. 그녀는 약간 초조해진 눈빛으로 도이미나를 살짝 건너다보았다가 다시 가르시아를 향했다.

"메르다……"

도이미나가 중간에 끼어들려 하였다. 가르시아는 손을 들어 그의 말을 가로막고 메르다에게 물었다.

"메르다 양도 지금 도이미나처럼 쫓기는 몸이겠지?"

"네."

"그렇다면 더더구나 위험한 일이로군."

"아무리 물샐틈없는 경비망이라도 사울로역까지 빠져나가는 구멍을 저희들은 알고 있습니다. 그렇지 않았다면 저희들이 여기까지 오지도 못했을 게 아닙니까."

가르시아는 고개를 끄덕였다. 그는 메르다 앞으로 상체를 기울였다.

"카이주아로 가는 이번 목적은 무엇이지?"

"그 점은 구태여 말씀드리지 않더라도 선생님께서 잘 알고 계실 줄로 압니다. 그렇잖습니까, 선생님?"

아금받기 짝이 없는 반문이었다. 가르시아는 허를 찔린 기분이었다.

"짐작 못할 바는 아니지. 허나 지금 비상계엄령이 내려진 상태인데, 당분간 자중하면서 적절한 시기를 기다리는 것이 옳지 않을까?"

"어차피 한번은 치러야 할 고비입니다. 무르익은 분위기가 식기 전에 결판을 내야 한다고 생각합니다."

"결판이라면?"

"국가보위원로원을 해체하고, 노리에이는 국민 앞에 나와 그가 저지른 지난날의 과오를 솔직히 시인하고 문책을 받아야 합니다."

야당이나 재야단체 대변인을 통해 내놓는 상투적인 성명서 같은 말투에 가르시아는 일순 비위가 거슬렸다. 그러나 그는 꾹 눌러 참으면서 말했다.

"메르다 양은 우리 사회의 어떤 점이 불만인가요?"

그녀는 좋은 질문을 해 주었다는 듯이 정색을 하고 말했다.

"우리 젊은 세대가 우리 사회에 대하여 가장 분노를 느끼고 있는 부분은 경제 문제입니다. 날로 피폐해져 가는 농촌과 도시 빈민굴의 가난을 대부분의 사람들은 그 실상을 알지 못하고 있습니다. 예를 들어 도시락은커녕 아침밥도 못 먹고 등교해야 하는 가난한 학생들이 우리 주변에는 엄연히 존재하고, 그 숫자도 상당수입니다. 그럼에도 다른 한쪽에서는 자가용을 타고 활개를 치며 등교하는 학생들이 있습니다. 이런 부조리를 보고서도 사회 개편을 요구할 줄을 모른다면, 이는 어떻게도 해볼 수 없는 도덕 불감증 환자겠지요. 내가 가진 것 내 마음대로 쓰는데 무슨 상관이냐고 함부로 말해서는 안 됩니다."

도이미나는 소파 등받이에 기댄 채 어느 새 잠이 들어 있었다. 잦아들 것처럼 기신을 차리지 못하고 있는 그의 초췌한 모습을 지켜보면서 가르시아는 가슴이 아팠다.

"보아 하니 여러 날 잠을 설친 모양인데, 메르다 양은 저쪽 안방 침대에서 한 숨 자도록 해요."

가르시아는 자리에서 일어나 시르바와 함께 이층으로 올라갔다. 이층 서재에는 흔들의자와 일인용 침대가 마련되어 있었다.

"모이구지한테 연락해 주어야 하지 않겠소?"

"지금 연락해 보았자 통금 풀리기 전에는 움직일 처지가 아니잖아요."

"그래도 연락해 주어요. 나중에 걔들한테 원망 듣지 말고."

"알겠어요."

이튿날 통금이 해제되기가 무섭게 모이구지 부부가 택시를 타고 달려왔을 때, 도이미나와 메르다는 이미 행방이 묘연했다.

"도이미나가 고 앙큼하게 생겨먹은 계집애한테 단단히 홀린 게 분명해요."

시르바는 울면서 푸념을 늘어놓았다. 허탈한 눈길로 천장을 물끄러미 바라보고 있던 모이구지가 돌연 자리를 박차고 일어섰다.

"제가 나가 보겠습니다."

"어디로 간단 말이냐?"

"우선 사울로역으로 나가 보아야지요. 거기서 만나지 못한다면 카이주아까지라도 뒤쫓아가 붙잡아 오겠습니다."

점심때가 지나고 해가 저물도록 도이미나는 물론 모이구지한테서도 연락이 없었다. 저녁 아홉시 텔레비전 뉴스를 통해 카이주아 일원에서 다수의 시민이 합세한 가운데 격렬한 학생 시위가 벌어졌다는 소식이 화면도 없이 짤막하게 전해졌다.

"그럼 시민들도 데모에 합세했다는 말인가요?"

"그런 모양이군."

"여태까지 일반 시민들이 데모에 가담했다는 소식은 없었잖아요?"

"그랬지."

"사태가 꽤나 심각하다고 봐야 하는 게 아닌가요?"

답답하고 초조한 하룻밤이 지나고 이튿날 오전에야 겨우 사태의 윤곽이 드러났다. 계엄사령부 이름으로 발표된 사태의 내용은 대충 다음과 같았다. 카이주아에 학생 시위가 일어났고, 이 과정에서 다수의 폭력배가 가세했다. 군경 다섯 명과 민간인 한 명이 사망했다. 군경 삼십 명이 부상했으나 민간인 부상자 수는 공식적으로 집계되지 않았다. 계엄사령부는 카이주아에 떠도는 유언비어도 공개했는데, 그 내용은 이러했다. 가이사도 군인이 카이주아에 와서 여자고 남자고 닥치는 대로 밟아 죽이고 있기 때문에 사상자는 더욱 급증하고 있는 실정이다. 술에 취한 공수부대 군인들이 민간인을 무차별 살상함으로써 카이주아 중심지는 피바다로 변했다.

이튿날도 그 이튿날도 시위는 계속되었다. 신문과 방송은 하루 종일 카이주아 사태를 보도했다. 폭도들이 경찰서 무기고를 습격하여 탈취한 총기를 휴대함으로써 카이주아 시민 항쟁은 사실상 내전으로 발전했다고 매스컴은 규정했다. 파출소와 방송국이 불타고, 모든 상가가 일제히 문을 닫아 생필품 조달이 불가능하게 되었으며, 시외전화가 불통이며, 세무서 등 주요 관공서가 시위대의 점거 상태에 들어갔다고 소식은 전했다. 르이아민 대통령은 방송을 통해 카이주아 시민들이 냉정과 이성을 되찾아 주기를 당부한다는 호소문을 발표했다.

3

  신문과 방송은 마치 사전에 서로 입을 맞추기라도 한 듯 한결같이 카이주아 사태는 일부 불순 세력이 분별 없이 퍼뜨린 악성 유언비어에 현혹된 폭도들이 흥분하여 저지른 일시적 난동이라고 규정하고 있었다. 가르시아는 무엇이 어떻게 되어 가는지 사태의 실상을 헤아려 볼 재간이 없었다. 그가 특히 답답하게 여긴 것은 매스컴이나 계엄 당국에서 시위에 참가한 학생이나 일반 시민을 폭도로 규정하고 있다는 사실이었다. 나 원 참 이렇게 답답한 노릇이 있나. 그 사람들이 어째서 폭도란 말인가. 말도 안 되는 소리!
  가르시아는 자이나미한테 전화를 걸었다. 피플모닝의 편집국장인 그는 가르시아의 대학 제자이며, 동시에 모이구지와는 중학교 동기 동창이다.
  "카이주아 사태는 지금 어떻게 되어 가고 있는가? 우문愚問이겠지만 매스컴 보도를 액면 그대로 믿어서는 안 되겠지?"
  "지금 전화상으로 말씀드리기가 난처합니다. 저녁에 댁으로 찾아 뵙겠습니다."

가르시아는 저녁까지 한가하게 기다릴 마음의 여유가 없었다.

"바쁜 사람을 내 집까지 오랄 수는 없고, 대신 내가 그쪽으로 나가겠네. 넉넉잡아 한 시간이면 충분히 도착할 수 있네. 나하고 커피 한잔 마실 시간이야 없다고 하지는 않겠지?"

"그렇게 해주시면 고맙겠습니다, 선생님."

가르시아는 외출복으로 갈아 입고 서둘러 집을 나섰다. 그가 신문사 편집국에 도착했을 때, 검열관이란 완장을 찬 일단의 군인들이 출입문을 나서고 있었다. 자이나미는 엘리베이터 앞에서 인솔 책임자인 듯한 소령 계급의 군인과 귀엣말을 나누고 있었다. 가르시아는 빼곡히 들어찬 책상들 사이를 가로질러 편집국장실로 들어갔다. 자이나미는 잠시 후에 들어왔다.

"군인들이 무슨 볼일이 있다고 신문사까지 드나드나?"

"지금은 계엄령이 내려져 있지 않습니까. 하나에서 열까지 사전 검열을 받지 않고는 단 한 줄의 기사도 실을 수 없습니다. 골치 아파 그만 두고 싶은 생각이 하루에도 열두 번입니다."

한번 해보는 엄살만은 아닌 듯했다. 가르시아는 자이나미가 내미는 담배를 받아 불을 붙여 물었다.

"지금 카이주아는 어떤 상황인가?"

"매우 어려운 국면입니다. 대부분의 시민들은 휴대하고 있던 무기를 자진 반납하고 질서 회복에 주력하고 있습니다만, 약 이삼백 명으로 추산되는 과격파 학생들은 일전 불사를 외치고 있습니다."

"보도에 의하면 쌍방간에 상당수의 사망자가 발생한 모양인데, 그게 사실이며, 사실이라면 그 수가 얼마나 되는가?"

"계엄사령부에서 집계한 민간인 사망자는 이백 명도 채 못 됩니다. 하지만 현지 시민들의 주장은 이천 명도 넘는다는 거죠."

가르시아는 순간 눈앞이 어지러웠다. 사망자가 그 정도라면 부상자 수는 또 얼마나 많겠는가.

"시위 진압의 차원을 넘어 아예 살육 작전을 전개했던 모양이군 그래."

"그렇습니다, 선생님. 피의 대학살이라고 표현할 수밖에 없군요."

"저런 나쁜놈들을 보았나."

가르시아는 주먹을 부르르 떨었다. 모이구지와 도이미나는 어떻게 되었을까. 수많은 사람이 죽고 다치는 마당인데, 그들이라고 무사할 리가 없지 않은가.

"모이구지와 도이미나가 사흘 전에 카이주아로 내려갔어. 통 소식이 없으니 궁금해 못 견디겠군."

"그래요?"

자이나미는 입을 딱 벌렸다. 그러나 그는 이내 표정을 바꾸었다.

"너무 걱정하지 마십시오. 설마한들……"

가르시아는 힘없이 고개를 주억거렸다. 그럴 리 없다 하면서도 불길한 예감이 자꾸 머리를 스쳐가는 것을 어쩔 수 없었다.

"무소식이 희소식이라구, 여태까지 아무 연락이 없는 걸 보면 모두 무사하다는 증거 아니겠습니까."

가르시아는 자리에서 일어섰다. 자이나미는 복도 엘리베이터 앞까지 따라나와 침울한 표정으로 그를 배웅했다. 그런 가운데서도 그는 직업 의식을 발휘했다.

"칼럼 원고 잊지 마십시오, 선생님."

"알고 있네."

"모이구지한테서 연락이 오면 제게도 연락을 주십시오."

"그러지."

신문사 정문을 나선 가르시아는 지하도 입구에서 걸음을 멈추었다. 정·사복 경찰관이 두세 명씩 무리를 지어 오가는 행인들을 지켜보다가 이십대 젊은이들은 예외 없이 불러 세워 증명서 제출을 요구하거나, 그들이 소지한 가방의 소지품들을 조사했는데, 그 검색 과정이 몹시 엄중하고 살벌했다. 처음 목격하는 광경은 물론 아니었다. 거리를 다니다 보면 심심찮게 눈에 띄는 광경이었다. 그럼에도 가르시아는 이 날 마치 처음 그런 광경을 목격한 사람이기나 한 것처럼 무려 삼십 분이나 그들의 행동 거지를 분노에 찬 눈길로 지켜보았다.

　시청 앞을 지나 전철역을 향해 걸으면서 가르시아는 내내 우울했다. 사울로역에서 전철을 타고 한 시간이나 걸려 자임실 가에 도착해서도 그는 여전히 마음이 무거웠다.

　"어머, 선생님. 연락도 없이 갑자기 웬일이세요?"

　"지나는 길에 혹시나 해서 들러 보았지."

　"제가 집에 있었기에 망정이지, 없었다면 공연히 헛걸음을 하실 뻔했잖아요."

　"헛걸음이면 또 어떤가. 여기까지 와 보았다는 걸로 만족하면 그만이지."

　"하여간 잘 오셨어요, 선생님. 그러잖아도 테레사는 선생님이 몹시 보고 싶었단 말예요. 텔레파시가 통했나 봐요."

　그녀는 예의 그 또랑물이 부딪히는 듯한 웃음 소리를 거침없이 쏟아냈다. 가르시아는 내내 무거웠던 마음이 조금 가벼워지는 느낌을 받았다. 그녀는 마룻바닥에 아무렇게나 흩어져 있던 책들을 주섬주섬 모아 가슴에 안고 서재로 들어가더니 잠시 후에 소매 없는 초록색 셔츠에 무릎이 드러나는 미색 스커트 차림으로 활짝 웃으며 나왔다. 그녀는 나는 듯이 다가와 가르시아의 등에 붙어 서서 그의 목을 껴안았다.

"오늘 아침에 소이수키한테서 전화가 걸려 왔어요."

소이수키 이야기만 나오면 가르시아는 맥이 풀렸다. 그와 정담을 나누면서도 남편에 관한 이야기를 예사로 지껄일 수 있는 그녀의 배포가 가르시아는 부럽다기보다 무서웠다.

"그곳 신문에도 카이주아 사태에 관한 뉴스가 톱으로 나왔다는 거예요. 그 사람이 하는 이야기를 들어 보니까 우리 나라 신문이나 방송보다 더 자세하고 정확한 것 같은 느낌이 들었어요. 카이주아에서 집회를 가지려던 노이수키 여사를 체포한 것이 학생 시위의 결정적인 발단이 되었다는 거예요. 비상계엄령을 선포한 것도 운동권 학생들을 자극한 요인이 되었구요. 애초에 학생 데모가 일어났을 때, 고도로 훈련된 계엄군을 투입하여 초기 진압을 강경 일변도로 밀어붙인 것도 사태를 확대시킨 계기가 되었다는 거예요. 카이주아 시민들의 저항도 대단했던 모양이에요. 경찰서 무기고를 습격하여 탈취한 총기로 계엄군과 맞서 싸웠다는 거예요. 한 마디로 아비 규환이었다니까 그 정경을 보지 않고도 대충 짐작할 수 있겠죠? 무정부 상태였다고 말하더군요, 그이가. 제 말 듣고 계세요, 선생님?"

"응."

"테레사는 이 나라에 환멸을 느꼈어요. 세월이 가면 좀 나아지겠거니 기대를 걸어 보았지만 날이 갈수록 더욱 절망적이에요. 요즘 들어서는 구제 불능이라는 생각마저 들어요. 노리에이 그 사람이 문제예요. 나 그동안 사실 너무 오래 해먹었다. 지속적인 경제 발전을 위해서는 불가피한 일이었다. 인내해 준 대다수 국민들에게 감사하며, 나로 인해 억울한 피해를 입은 사람들에게는 진심으로 사과한다. 본인은 이제 한 사람의 자연인으로 돌아가 여생을 평범하게 보내고자 한다. 공정하고 자유로운 선거를 통해 나라의 새 지도자를 국민 여러분이 직접 선출해 주기 바란다. 이러고 쓱 물러나면 얼마나 멋있겠어요. 국민들은 아마 그를 평생 영웅으로 떠받들 거예요. 다른 건 몰라도 경제 발전 하나만은 그의 무시 못할 치적治績으로 손꼽히잖아요. 그런데 노리에이는 역시 그만한 인물이 못 되는가 봐요. 이번 쿠데타도 노리에이가 꾸며낸 조작극이라는 소문이 지금 저자에 파다하게 퍼져 있어요. 그토록 오래 해먹고도 미련을 못 버리는 걸 보면 그 자리가 그렇게 좋은가요?"

여느 때와 달리 가르시아는 그녀의 아파트에서 자고 싶었다. 테레사 역시 그러기를 바라는 눈치였다. 그러나 가르시아는 곧 마음을 고쳐 먹고 자리에서 일어섰다.

"가시려구요?"

"응. 내 기분이 지금 말이 아니야."

"왜요?"

"나중에 이야기할게."

그가 집에 도착했을 때는 저녁 여덟시가 조금 지나 있었다. 빗장이 잠기지 않은 대문 앞에 경찰차가 서 있었다. 가르시아는 헛기침을 앞세우고 현관문을 열고 들어갔다. 경찰관 두 사람이 소파에 앉아 그의 귀가를 기다리고 있었다. 한 사람은 사복 차림이었고, 다른 한 사람은 정복 차림이었다. 가르시아는 먼저 안방으로 들어가 간편한 평상복으로 갈아 입었다.

"모이구지한테서는 아직 아무 연락이 없었소?"

시르바는 대답 대신 거실의 소파 쪽으로 황급히 눈길을 보내면서 가만가만 고개를 가로저었다. 그는 시르바에게 커피를 끓여 달라고 부탁하고 그를 기다리고 있는 경찰관에게로 나갔다.

"오래 기다렸소?"

"아닙니다. 저희도 조금 전에 도착했습니다."

"그렇다면 조금 덜 미안하군요."

"선생님의 존함은 진작부터 익히 듣고 있었습니다만 이렇게나마 직접 만나 뵙게 되어 정말 영광입니다."

사복 차림의 경찰관이 주로 말했다.

"여기까지 오신 데는 필경 무슨 용건이 있었을 터인데?"

"아 네, 선생님. 다름이 아니오라……"

사복 차림이 점퍼 속주머니에서 엽서만한 크기의 사진 두 장을 꺼내 가르시아에게 건네주었다. 그것을 들여다보는 순간, 가르시아는 움찔 몸을 떨었다. 이마에 검은 띠를 두른 사람은 의심할 나위 없는 도이미나였다. 무슨 건물의 옥상에서 아래를 내려다보며 뭐라고 고함을 지르는 장면이었다. 다른 한 장의 사진은 가르시아를 더욱 놀라게 했다. 이 사람이 여기 왜 이러고 있는가 의심하지 않을 수 없게 만든 문제의 사진을 그는 보고 또 들여다보았다. 왼손에 총을 든 채 달리는 트럭 승강대에 매달린 그 사람은 틀림없는 모이구지였다.

"이 사진 어디서 났소?"

"카이주아 경찰서에서 올려보낸 사진입니다."

가르시아는 사진을 탁자에 내려놓았다.

"이 사람들 지금 어디 있소?"

"모이구지 교수님은 체포되어 지금 카이주아 교도소에 수감중입니다만, 도이미나 군은 아직도 소재지가 밝혀지지 않고 있습니다."

"모이구지 교수는 앞으로 어떻게 되는 거요?"

"잘은 모르겠습니다만, 군사재판에 회부되겠지요."

가르시아는 하도 어처구니가 없어 그만 말문이 막혀 버렸다.

"좋지 못한 소식을 전해 드리게 되어서 유감입니다."

두 경찰관이 돌아가고 나서도 가르시아는 천장만 멀뚱멀뚱 쳐다보았다. 그는 마치 지독한 악몽에 시달리고 있는 느낌이었다. 도이미나가 아니고 모이구지가 왜 총기를 휴대하고 있었단 말인가.

"뭐가 잘못되었을 게 틀림없어요. 도이미나라면 혹 모를 일이지만 모이구지가 무엇 때문에 총을 들고 그 난리판에 뛰어들었을까요, 여보. 내일 날이 밝으면 카이주아로 내려가겠어요. 아니 그보다도, 당신 어디다 연락해서 돌아가는 내막 좀 알아볼 수 없어요?"

"진정해, 여보."

"진정하라구요? 내가 지금 진정할 수 있게 생겼어요?"

시르바는 제정신이 아니었다. 그녀는 손가락을 머리숲 속에다 집어넣고 약간 벌려 세운 무릎 사이에다 머리를 처박은 채 소리 죽여 울음을 터뜨렸다. 좀체 그칠 것 같지 않은 그녀의 울음 소리에 쫓기듯 그는 이층으로 올라갔다.

어디서부터 어떻게 맺힌 매듭을 풀어나가야 할지 요령부득인 자신의 무기력에 가르시아는 짜증이 났다. 자이미나를 떠올린 것은 한참 뒤였다. 그는 그의 집으로 전화를 걸어 보았다. 자이미나는 아직 귀가 전이었다. 혹시나 싶어 신문사로 전화를 걸어 보았더니, 짐작대로 퇴근했다는 당직자의 대답을 들었을 뿐이었다. 방법은 하나밖에 없었다. 날이 밝는 대로 카이주아로 내려간다는 생각이 그것이었다. 현지에 내려가서 어떻게 하겠다는 요령은 다음 문제였다.

사울로에서 카이주아까지는 다섯 시간 반이나 소요되었다. 가르시아는 기차에서 내려 택시를 타고 교도소로 향했다. 차창 밖으로 스쳐가는 거리 풍경은, 얼른 보기에는 평온을 되찾은 것 같았다. 그러나 그것은 가르시아의 성급한 판단이 내린 오해였다. 시내 중심가로 접어들자, 무장 군인들이 도처에 바리게이트를 치고 오가는 행인이며 차량을 검문하고 있었는데, 서슬이 자못 살벌했다.

"모르긴 해도 재소자 면회는 아마 불가능할 겁니다."

요금을 지불하고 차에서 내리는 그에게 운전 기사가 지나가는 말로 일러주었다. 그러나 그는 그 말을 무시하고 곧장 교도소 정문을 향해 천천히 걸어갔다. 가는 빗발이 후드득후드득 듣고 있었다.

"아저씨."

경비실로 향하는 그를 무장 군인이 불러 세웠다. 가르시아는 대답 대신 군인을 지긋한 눈길로 바라보았다.

"면회 오셨죠?"

"그렇소, 군인 양반."

"면회 금집니다."

초병은 단칼에 잘라 버렸다. 가르시아는 비를 피해 경비실 건물 처마 밑으로 들어섰다. 무장 군인과 교도소 경비원 예닐곱 명이 어울려 저희들끼리 웃고 떠들면서 속달거리다가 유리창을 통해 가르시아를 내다보았다. 그들 중의 하나가 문을 반쯤 열고 가르시아에게 물었다.

"뭐요, 영감님은?"

"고생이 많소이다. 나는 멀리 사울로에서 온 사람이오."

숨은 사랑 117

"그래서요?"

퉁명스런 어투로 미루어 볼 때, 이 자 역시 말발이 먹혀들 조짐이 아니었다. 그러나 가르시아는 애써 미소까지 지어 보였다.

"내 긴히 만날 사람이 있으니 면회 신청을 받아 주시오."

"면회 금집니다. 때가 어느 때인데 면회야."

그 자는 말대꾸조차 귀찮다는 듯 문을 덜컹 닫아 버렸다. 이런 모멸을 받아 보기는 난생 처음이었다. 가르시아는 난감한 얼굴로 잠시 하늘을 쳐다보았다.

"거 보세요. 내가 안 된다고 말씀드렸잖습니까."

대검이 꽂힌 총 개머리판을 시멘트 바닥에다 툭툭 내리치면서 초병이 말했다. 자기 딴에는 위로를 한답시고 건네는 말이었는지 모르겠으나 가르시아 처지에서는 오히려 부아만 덧날 따름이었다. 가르시아는 작은 유리문을 열고 조금 전에 문 밖으로 나왔던 그 나이 조금 들어 보이는 경비원에게 말을 걸었다.

"나로 말하면 시 쓰는 가르시아라는 사람이오. 알겠소? 면회가 안 된다면 이곳 소장님이라도 만나 봐야 하겠소."

그 경비원은 대답에 앞서 동패들을 한 차례 둘러보았다. 뭐 이런 어리보기가 다 있나 하는 듯한 멸시의 눈길이 분명했다. 시선을 거두어들인 그는 가르시아를 향해 심문하듯이 되물었다.

"방금 시를 쓴다 하셨소?"

"그렇소."

"그렇다면 시인이오?"

"그렇소."

"그만한 지체라면 사람 말귀를 못 알아들을 처지는 아닐 터인데, 영감님은 어째 답답한 소리만 찾아 가면서 하시오?"

"……?"

"여기 계시는 소장님은 할 일이 없어 도시락 싸들고 소풍 나와 앉았다가 댁 같은 사람이나 만나 주는 줄 아시오?"

가르시아는 더 이상 인내할 수가 없었다.

"네 이놈!"

저희끼리 시시덕거리던 동패들이 뜻밖의 사태에 놀라 동작을 멈추고 가르시아를 내다보았다. 가르시아는 지팡이를 휘두를 것처럼 발을 탕탕 구르면서 다시 한 번 고함을 질렀다.

"네놈이 감히 뉘 앞에서 방자히 구느냐. 당장 이리 썩 나서지 못하겠느냐."

서슬에 놀라 머뭇거리던 초병이 다가와 지팡이를 추켜든 가르시아의 손목을 낚아채었다.

"이 손 놓치 못할까."

가르시아는 그의 손을 뿌리쳤다. 그러나 황소처럼 억센 그의 손아귀에서 가르시아의 발버둥은 덫에 걸린 작은 짐승에 불과했다. 초병은 분노로 얼굴이 시뻘개진 가르시아를 몸으로 밀어붙여 한길로 내몰았다. 비는 점점 거세지고 있었다.

"나 시 쓰는 가르시아다, 이놈! 네놈이 감히 뉘 앞에서 방자히 구느냐. 당장 이리 썩 나서지 못하겠느냐."

누군가가 방금 가르시아가 했던 말을 흉내내자, 모두 제멋대로 낄낄 소리내어 웃었다. 안내실 쪽에서 들려 온 소리였다. 길 건너편 주막에서 이 광경을 지켜보고 있던 주모가 우산을 들고 쫓아나와 망연자실 서 있는 가르시아를 부축해 주었다.

"어르신, 비 맞지 마시고 저희 주막에 들러 잠시 쉬어 가십시오. 보아 하니 멀리서 면회를 오신 모양인데, 요즘 헛걸음하는 사람 한

둘이 아닙니다."

"고맙소."

가르시아는 주모를 따라 주막으로 들어갔다. 당한 창피와 모욕으로 말하면 당장 혀라도 깨물어 자진하고 싶을 지경이었지만 당장은 참는 도리밖에 없었다. 그는 주모가 건네주는 수건을 받아 젖은 머리칼을 대충 훔쳐내면서 가슴에 치밀어 오르는 불 같은 화를 다스렸다.

기차에서 빵과 우유로 겨우 초다짐은 짚은 셈이었지만, 새벽부터 지금까지 요기를 못한 처지였다. 음식을 시켜 먹으면서 주모를 슬슬 구슬러 보니, 이번 카이주아 사태로 연루된 죄인은 수천 명을 능히 헤아렸는데, 그 중 일부는 아직 경찰서에 머물러 있고, 설령 교도소로 끌려왔다 하더라도 수감 장소를 수시로 옮겨가기를 거듭해서 소재지가 불확실한 죄인들도 수없이 많다는 뜻밖의 정보를 가르시아는 얻어 들을 수 있었다. 말하는 본새로 보아 주모는 이곳 교도관들과 친분이 두터운 듯했고, 시골 아낙네치고는 수단이 야무지고 영악해 보였다.

"주모."

"예, 어르신."

"부탁 좀 들어 주시오."

"무슨 부탁이신지……?"

"내 아들이 지금 이곳 교도소에 잡혀 와 있다는 말을 들었소. 사실 여부를 알고 싶은데, 도와 주면 은공은 잊지 않겠소."

"어르신 같은 귀골이 이런 복마전을 비켜 서지 못하는 걸 보면 세월이 수상하다는 말이 분명 꾸며낸 거짓은 아닌가 봅니다. 잠시 기다려 주시면 제가 나가서 한번 알아나 보겠습니다."

하늘이 무너져도 솟아날 구멍이 있다고 하지 않았던가. 나갔던 주모가 한 시간이나 지체한 끝에 겨우 돌아왔다.
"어찌 됐소?"
주모는 수고한 너스래를 자랑삼아 한참 늘어놓고 나서 말했다.
"무슨 영문인지는 밝혀지지 않았으나 그분은 오늘 새벽에 도로 경찰서로 넘어갔답니다."
"고맙소, 주모. 수고가 많았어요."
가르시아는 섭섭지 않을 만큼 넉넉한 수고비를 건네주고 그 길로 주모가 일러주는 경찰서를 찾아갔다. 그러나 그곳에서도 가르시아는 아까 교도소에서와 마찬가지로 면회가 불가능하다는 사실을 알았다. 어차피 카이주아에서 하룻밤 묵어야 할 처지였다. 그는 일찍 감치 경찰서 부근에다 숙소를 정해 들었다. 그리고 그는 자이나미 한테 전화를 걸었다. 아무리 궁리에 요령을 부려 보아도 기대고 비빌 언덕은 역시 자이나미가 가장 만만하고 확실하다는 판단이었다. 자이나미는 마침 자리를 지키고 있었다. 가르시아는 그동안의 내막을 간추려 이야기하고 모이구지를 만나 볼 수 있도록 힘써 줄 것을 부탁했다.
"제가 지금 자리를 떠서 그곳까지 달려갈 처지는 못됩니다. 그 대신 그곳에 나가 있는 우리 기자한테 지시를 내려놓을 테니 선생님께서는 어디 나가지 마시고 여관에 대기하고 계십시오."
"알았네. 내 자네만 믿겠네."
비로소 한시름 놓을 것 같았다. 가르시아는 침대에 누워 휴식을 취했다. 온몸이 땅 속으로 아득히 잦아들었다. 그러나 머리 속이 깨어지는 듯 아파서 누워 있기도 실은 힘겨웠다. 그는 도로 일어나 집으로 전화를 걸었다.

"당신이군요. 어떻게 되었어요? 모이구지는 만나 보셨어요?"
"여기 경찰서에 있다는군. 자아나미한테 부탁했으니까 곧 만나게 될 테니 너무 걱정하지 말아요. 그건 그렇고……"
그리고 그는 그녀에게 며느리 지오니한테는 당분간 비밀로 해 두기를 당부했다. 그러니까 모이구지의 두번째 부인인 그녀는 현재 임신중이다. 도이미나의 친모는 오래 전에 자궁암을 앓다가 죽었다. 도이미나가 여덟 살 때였다.
"그런데 여보."
시르바가 말했다.
"왜요?"
"비토리오 성에서 두 번이나 연락이 왔어요. 저번에 우리 집에 왔던 아르세모라는 비서실장이라고 하더군요."
교도소에서 당한 창피와 모멸이 그 순간 새삼 되살아났다. 그와 함께 아르세모라는 이름만 들어도 소름이 돋는 듯했다. 가르시아는 뭐라고 말하려는 시르바의 다음 말을 가로막다 못해 일방적으로 전화를 끊어 버렸다. 위가 썩으면 아래도 냄새를 풍기는 법이야. 그는 자신도 모르게 부르르 치를 떨었다.

먼지 자욱한 유리창에 비껴 드는 빗방울이 더할 수 없이 처량했다. 시계를 보니 어느 새 저녁 여섯시였다. 아직 해가 떨어질 시각도 아니었는데, 유리창을 통해 내다보이는 바깥은 벌써 어둑어둑했다.
자이나미는 매사 끊고 맺는 점이 분명하고 확실한 사람이다. 그런데 왜 아무 연락도 없을까. 가르시아는 피가 마르는 듯했다. 오면 온다 가면 간다 무슨 연락이 있어야 할 게 아닌가. 그렇다고 자이나미한테 다시 연락을 취해 독촉할 처지도 아니었다. 어쩌다 이런 곤경에 빠지게 되었느냐는 스스로를 향한 질문은 차라리 무의미하고 사치스러울 따름이었다. 앉았다 일어서기를 거짓말 보태 수백 번은 되풀이했을 즈음에야 마침내 방문 앞에 구둣발 소리가 다가와 멎었다. 노크 소리에 방문을 열어 보니 키가 헌칠한 사내 하나가 서 있었다.

"가르시아 선생님이시죠?"

"그렇소. 혹시……?"

"자이나미 국장님한테서 연락을 받은 피플모닝의 사회부 기자 아퀴나스입니다."

"아 그렇소. 졸지에 어려운 부탁을 드린 줄로 알고 있습니다."

"저야 괜찮습니다만 선생님께서 얼마나 초려하시겠습니까. 마침 연줄이 닿는 사람을 만나 아드님을 만나 볼 수 있게 되었으니 그나마 다행입니다. 어서 나가시지요."

이게 어쩌면 목마른 자에게 하늘이 내리는 생명수라는 것인지도 모른다고 그는 생각했다. 가르시아는 그의 볼이라도 쓰다듬어 주고 싶은 충동을 가까스로 눌러 참았다. 체면을 돌아볼 겨를도 없이 그는 허겁지겁 아퀴나스를 따라 나섰다.

"원칙적으로는 면회가 불가능한 상황입니다."

"겪어 봐서 나도 알고 있어요."

"아직 조사 단계에 있어 뭐라고 속단을 내릴 단계는 못 됩니다. 하지만 제가 알아본 바에 의하면, 지금 아드님에게 주어진 정황은 대단히 불리하게 돌아가고 있습니다."

"밝혀진 죄목이 무엇이던가요?"

"아드님께서는 극구 부인하고 있는 모양입니다만 사울로에서 이곳에 내려온 동기부터가 우선 의심스럽다는 것이 검찰측의 주장입니다."

"그건 다름이 아니라 도이미나라구……"

아퀴나스는 그의 말을 얼른 가로채었다.

"알고 있습니다, 선생님. 아드님께서는 수배중인 도이미나를 찾아 이곳에 왔고, 만나면 자수시킬 작정이었다고 설명하고 있습니다만, 검찰측에서는 그 말에 신빙성이 없다는 거지요. 왜냐하면 아드님께서 무기를 소지하고 시위에 가세한 사진 증거를 남겼기 때문입니다. 게다가 도이미나로 말하면 이번 소요 사태의 핵심 인물로 떠올라 있습니다."

아퀴나스는 협문을 통해 경찰서 안으로 들어갔다. 취재기자라고 새긴 완장이 지닌 위력은 실로 대단했다. 눈에 핏발이 곤두선 듯 서슬이 퍼렇던 경찰관도 그 완장 앞에서는 슬그머니 꼬리를 내렸던 것이다. 아퀴나스는 기자실이라는 팻말이 나붙은 방으로 가르시아를 안내하고 혼자 어디론가 사라졌다. 고함에 이어 비명 소리가 생생하게 들려 오는 그 방에서 삼십 분쯤 기다려서야 아퀴나스는 다시 나타났다. 그는 가르시아를 상황실로 데리고 갔다. 경찰관과 군인들이 무시로 드나들었고, 전화통에다 제멋대로 땡고함을 질러대는 어수선한 그 방 한쪽 구석에 모이구지는 초라하게 앉아 있었다.

"면회 시간은 십 분입니다."

그리고 아퀴나스는 당직이란 완장을 찬 군인을 향해 걸어갔다. 눈물을 글썽이며 고개를 떨구는 모이구지의 손을 가르시아는 말없이 잡아 주었다. 그의 양손은 수갑에 채여 있었고, 주먹으로 쥐어박힌 것이 분명한 얼굴은 군데군데 멍이 들었을 뿐 아니라, 전체적으로 부석부석 부어 있었다.

"네가 총을 메고 있는 사진을 보았다. 어떻게 된 노릇이냐?"

"군인들이 먼저 총을 쏘았습니다. 제 앞에서도 두 사람이나 총을 맞고 쓰러졌습니다. 저들은 남녀와 노소를 가리지 않았습니다. 곤봉에 얻어맞아 머리가 터져 죽은 사람도 보았습니다. 심지어는 임신부를 대검으로 찌른 군인도 있었습니다. 저들은 사람이 아니라 피를 빨아먹는 짐승이었습니다. 그런 처참한 광경을 어찌 외면하겠습니까. 지금 그 상황에 처한다면 나는 다시 총을 들 수밖에 없습니다."

"그래, 알았다. 도이미나는 만나 보았느냐?"

모이구지는 대답 대신 머리를 가로저었다.

"문책이 엄중할 것이라는 말을 들었다. 고생이 되더라도 이 애비를 생각해서 경거망동은 삼가하기 바란다."

"이런 초라한 모습을 보여 드려서 죄송합니다. 하지만 아버님, 행여라도 아버님 존함에 금이 가는 구차스런 구원은 결단코 바라지 않습니다. 그건 이 자식을 두 번 죽이는 결과를 가져옵니다. 제가 비록 총기를 들고 분별 없이 설쳤다고는 하나, 누굴 겨냥하여 발포한 적이 없으니 양심에 거리낄 것도 없습니다. 그 점 믿어 주십시오."

모이구지와 헤어져 경찰서를 나선 가르시아는 그 즉시 카이주아역으로 향했다. 애초에는 카이주아에서 묵을 작정이었지만 모이구지를 만나 본 이상 굳이 그럴 필요가 없다는 판단이었다. 아퀴나스가 자기 차로 역까지 태워 주었다. 카이주아 사태는 일반인이 상상하는 것 이상으로 참혹했고, 이로 인해 앞으로의 정치적 상황이 어렵게 전개될 가능성이 높아졌다고 아퀴나스는 진단했다.

사울로역에 새벽 네시에 도착하는 열차가 있었다. 가르시아는 그

열차를 탔다. 스스로 생각하기에도 무리한 강행군이었다. 그는 자리를 잡고 앉는 즉시 눈을 감고 잠을 청했다. 그의 주변 승객들은 카이주아 사태에 대해 보고 들은 바를 은밀하게 주고받고 있었는데, 그 중의 한 사람이 자꾸 토를 다는 바람에 말하던 사람이 기어이 화를 내었다.

"이 양반이 그런데 시방 누구 약을 올리자는 수작인가, 아니면 찍자붙자 아첨 떠는 건가. 설마라니? 그럼 내가 지금까지 없는 사실을 내 멋대로 꾸며냈다 그 말이오? 사람 미치고 팔짝 뛰겠네. 여보슈, 나 입은 가로 째졌어도 말은 바로 하는 사람이오. 내 다시 분명히 이야기해 두지만, 신문에 난 거 그거 말이오, 유언비어라는 그 말만 쏙 빼고 나머지는 다 사실이다 이거요. 뭐요? 겁주지 마시오. 오래 전에 거덜난 내 인생, 한번 죽지 두번 죽겠소. 잡아 가고 싶으면 얼마든지 잡아 가라 이겁니다. 하지만 내 이 말만은 분명히 못박아 두겠소. 남의 눈에 눈물을 내면 내 눈에 피눈물이 난다는 사실, 그거 절대 거짓말이 아니오. 알겠소? 가만, 우리 술 한 병 더 시킵시다. 아니, 내가 사겠다 이거요. 보세요. 나한테 돈 있어요, 이 양반아."

만 하룻만에 가르시아는 귀가했다. 그는 오전 내내 잠을 자고 오후 두시가 지나 겨우 자리에서 일어났다. 시르바가 보이지 않았다. 그는 부엌으로 들어가 냉장고에서 빵과 과일을 꺼내 먹고 다시 이층으로 올라갔다. 여기저기서 우편으로 배달되어 온 원고청탁서가 꽤 여러 장이었다. 그는 그 청탁서들을 한쪽으로 밀쳐놓았다. 피플모닝에 보낼 칼럼 원고가 다른 무엇보다 우선적이었다. 톡톡이 신세를 진 자이나미의 체면을 봐서라도 도저히 펑크를 낼 수 없는 원고였다. 그는 마음을 다잡아 먹고 타자기 앞에 마주 앉았다.

——주지하는 바와 같이 독립 이래 가장 비극적인 사태가 발생했

다. 이른바 카이주아 사태가 그것이다. 비상계엄령 해제를 요구하는 대학생들의 평화적 시위에 경찰이 무력으로 개입함으로써 야기된 이번 사태는 격분한 시민과 이를 저지하려는 군의 충돌로까지 번져, 허다한 사상자가 속출하고 수많은 공공건물이 불타는 등, 막대한 국가적 손실을 초래했다. 지금 현재까지도 사태의 발전은 예측을 불허하는 바이지만 이 이상 더 희생을 내지 않고 유혈 사태를 신속히 수습하기 위해서는 다음 몇 가지 사항이 실천되어야 하겠다.

첫째, 정부 당국자의 정중한 사과와 함께 이번 사태에 연루된 관련자를 조속히 석방함과 아울러 희생자의 명예회복은 물론이거니와 그 유가족의 아픔을 치유하기 위한 수습대책위원회 설치를 촉구한다. 돌이켜보면 이런 비극적인 사태가 발생하는 까닭과 배경은 엄연히 현정부가 실정을 거듭하면서도 이를 성의껏 시정하겠다기보다 오히려 선량한 민중측에 책임을 전가하려는 태도를 보인 때문인데……

4

가르시아는 팔을 뻗어 송수화기를 집어들었다. 전화를 건 사람은 아르세모였다. 그는 여러 차례 전화를 걸었으나 번번이 외출 중이어서 통화를 할 수 없었다고 수다를 떨고 나서 이렇게 말했다.

"제가 지금 댁으로 가겠습니다."

"피차 바쁘니가 여기까지 오실 것은 없고 그냥 전화로 말씀하시지요."

가르시아는 냉담한 어조로 잘라 말했다. 그러나 아르세모는 그의 그런 태도에 조금도 개의치 않았다.

"아닙니다. 꼭 찾아뵙고 말씀을 드려야 할 중대한 사안입니다."

"정 그러시다면 지금 오시오."

양보할 수밖에 없었다. 아르세모는 오래잖아 도착했다. 응접실에서 마주 앉기가 무섭게 그는 본론부터 꺼냈다.

"카이주아 사태는 외견상 진압된 것 같습니다만 내막을 알고 보면 언제 또 어떤 식으로 폭발할지 예측 불허의 시한폭탄과 같습니다. 그래서 각하께서는 각계 각층의 덕망 있는 인사들로 구성된 진상규명위원회를 설치하고, 사태 수습을 위한 세미나 개최를 구상하고 계십니다. 그런데 각하께서는 선생님께서 그 일을 전담해 주시기를 원하고 계십니다. 거기에 소요되는 비용 일체는 국고에서 충분히 지원할 것이지만, 그러나 이 일은 어디까지나 선생님께서 자발적으로 운영해 나가시는 형식을 취하고자 합니다."

하는 말은 제법 번드레하고 명분이 있는 것 같았지만, 그의 은밀한 눈빛으로 미루어 볼 때 카이주아 사태를 축소하거나 은폐하기 위한 고도의 전략임이 분명했다. 무 자르듯 가르시아는 단칼에 거절했다.

"나는 그런 막중한 임무를 수행할 적임자가 아닌 것 같소."

아르세모는 분명 움찔 놀라는 듯했다. 그러나 그는 곧 얼굴 가득히 미소를 담고 침착하게 말했다.

"제가 원래 말주변이 부실하여 각하의 진의를 분명하게 전달해 드리지 못한 것 같습니다. 지금 당장 응답을 요구하는 것은 아니니, 다시 한번 찬찬히 생각해 보신 연후에 연락 주시기 바랍니다."

커다란 보퉁이를 든 시르바가 언덕길을 힘겹게 걸어 올라오고 있었다. 아르세모가 탄 차는 이웃집 담장으로 비켜서는 그녀와 엇갈려 언덕을 내려가 곧 골목 모퉁이 뒤로 모습을 감추었다.

"저번에 왔던 그 사람이지요? 아르세모인가 뭔가 하는 사람 말예요."

그녀는 차가 사라진 모퉁이를 바라보았다. 손등으로 슬쩍 훔치는 그녀의 이마에는 땀이 배어나고 있었다.

"들고 있는 그것은 뭐고, 이 더운 날씨에 어딜 다녀오는 길이오?"

"병원에요."

"병원?"

그녀는 대꾸할 기력조차 없다는 듯 말없이 대문 안으로 들어갔다. 그녀는 들고 온 보퉁이를 부엌 세탁기 위에다 팽개치듯 내려놓고 웃옷을 훌렁훌렁 벗어제친 다음 응접실에 우두커니 서 있는 가르시아를 돌아보았다.

"지오니가 입원했어요."

"지오니가 왜?"

"유산이래요."

"뭐라구? 유산이라니?"

"가뜩이나 심약한 아인데, 충격이 오죽했겠어요. 경찰이 찾아와 온 집 안을 쑥대밭으로 만들어 놓았어요."

지오니한테는 당분간 비밀에 붙여 달라고 당부하던 모이구지의 얼굴이 눈앞을 스쳐갔다. 가르시아는 힘없이 소파에 주저앉고 말았다. 시르바가 샤워를 하는 동안 그는 양손을 기도하듯 가슴에 모아 잡고 지그시 눈을 감았다. 생각해 보면 성격이 과격한 도이미나가 어지러운 시국 문제로 가끔 말썽을 부린 것 외에 달리 근심과 걱정을 모르고 지내온 언필칭 다복한 집안이었다. 지난 연초에는 국영 텔레비전 방송국에서 선정한 '단란한 가정 행복한 가정'이란 프로그램에 온 가족이 출연하여 '즐거운 우리 집'을 함께 부르지 않았던가. 그런데 그로부터 수개월이 지난 지금 그의 집 구석구석은 말할 수 없이 스산하고 음침한 기운으로 채워져 버렸다. 이 무서운 불행과 재앙은 대체 어디서부터 밀려든 바람이며, 물결인가. 어느 날 갑자기 깊은 관계를 맺은 이래, 문득 잠을 깨는 새벽에도 남의 이목이 두려워 절로 가슴 저리는 내막을 지닌, 뿌리 깊은 테레사와의 숨은 사랑 그것만 용서가 된다면, 평생 남의 가슴에 못박는 언동만은 한사코 비켜 왔다고 가르시아는 자부하고 있었다. 그런데 어째서 이런 무서운 재앙들이 소리 소문도 없이 숨어 있다가 이제야 한꺼번에 마각을 드러낸단 말인가.

저녁에 가르시아는 시르바와 함께 지오니가 입원해 있는 병원에 문병을 갔다. 그녀는 입술이 부르트고 얼굴이 수척하다 못해 창백했다. 아이의 생명은커녕 산모의 목숨을 구한 것만도 천우 신조라고 의사는 자랑 섞어 설명했다. 가르시아는 지오니의 손을 잡아 주고 병실을 나섰다. 집에 돌아와서도 그는 내내 우울했다. 책상 앞에 붙어 앉는다는 것조차 역겹게 느껴졌다.

이층 베란다로 나가 팔짱을 끼고 검푸른 하늘을 바라보았다. 보석을 뿌린 듯 찬란하게 빛나는 그 많은 별들 사이로 모이구지, 도이미나, 지오니의 슬픈 얼굴들이 반복해서 스쳐갔다. 그 때 그는 골목 어귀를 돌아오는 구둣발 소리를 얼핏 들었다. 조심성이 전혀 없는 그 구둣발 소리는 그의 집 대문 앞에서 멎는 듯했다. 조금 있다가 시르바가 이층으로 오르는 층계참에서 조그맣게 소리쳤다.

"여보, 손님 오셨어요."

평소의 그녀답지 않게 시르바의 목소리는 어딘가 다급했다. 정체를 종잡을 수 없는 불길한 예감이 언뜻 머리를 스쳐갔다. 가르시아는 층계를 한 발 한 발 힘주어 밟으면서 아래층으로 내려갔다. 소파에는 낯선 두 사내가 앉아 있었는데, 하나같이 누리끼한 여름용 점퍼 차림이었다. 한 사람은 이마가 훌렁 까진 대머리였고, 또 한 사람은 이목구비가 오종종한 매부리코였다. 호주머니에서 수첩을 슬쩍 꺼내 보인 매부리코가 먼저 입을 열었다.

"저는 조이로 경찰서 사찰주임 마이푸즈입니다. 대단히 죄송스럽습니다만 지금 저희와 함께 경찰서로 가 주셔야 하겠습니다."

나지막했으나 단호하고도 결의에 찬 목소리였다. 구태여 어떤 대꾸를 기대하거나 반응을 주의 깊게 살피는 태도도 아니었다. 가뜩이나 살얼음을 딛고 있는 형국이나 진배없는 이 집의 어두운 분위기는 그로 인해 더욱 썰렁하게 얼어붙어 버린 것은 말할 나위도 없었다.

"집 안에 가만 있는 양반을 함께 가자 할 때는 그만한 내막이 없지 않을진대, 그렇다면 선은 이렇고 후는 이렇다 소상한 내막부터 밝히는 게 순서 아니겠습니까. 아무리 세도 등등한 경찰이라 하더라도 아닌 밤중에 불쑥 나타나서 무조건 따라나서라 함은 도리에도 사리에도 맞지 않는 언동입니다."

사리에 어긋남이 없는 시르바의 질책에도 두 사내는, 그러나 가소롭다는 듯 희미한 미소를 지어 보일 따름이었다. 설령 답답하고 미련하다는 핀잔을 들을 망정 겨냥하는 속셈이 따로 있는 한 인내심은 오히려 비범한 명약으로 둔갑한다는 사실을 두 사내는 충분히 터득하고 있는 노회한 눈치였다.

"저희인들 어찌 그만한 눈치 하나 없겠습니까. 허나 저희는 위에

숨은 사랑 131

서 시키는 명에 다만 복종할 따름이고, 짐작하건대 이게 다 사모님의 안위를 위해 저희가 베풀 수 있는 불가피한 조처라는 점만은 믿어 주시기 바랍니다."

"진정 나를 위해서 지금 이 양반을 데려간다는 말씀이오?"

"그렇습니다, 사모님."

"무슨 말인지 도통 짐작이 가지 않네. 여보, 당신은 이 사람들 이야기를 어떻게 생각하세요?"

옳고 그른 것을 가리려 들었다가는 오히려 체면만 손상당할 뿐이라는 점은 차치하고라도, 마이푸즈의 너스레 속에는 가르시아를 당혹케 하는 숨은 사연이 배어 있는 듯했다. 가르시아는 나들이옷으로 갈아 입고 묵묵히 그들을 따라나섰다. 밖에 대기하고 있던 차에 오르기 직전에야 가르시아는 시르바에게 나직이 일러주었다.

"내가 만일 사흘이 지나도록 돌아오지 않거나 아무 연락이 없으면 자이나미한테 연락하시오. 허나 그 이전에는 아무한테도 이 사실을 발설하지 않기 바라오."

차는 하이나 강을 건너갔다. 두 경찰관은 차가 조이로 경찰서에 도착할 때까지 일체 말이 없었다. 호감이야 애초부터 기대한 바 없었다 하더라도, 혐의자를 연행하는 사람들이라면 당연히 가질 법도 한 적의조차 그들은 보이지 않았다. 그러나 앞으로도 계속 그런 태도를 견지할 것이냐 하는 점은 아직 안심할 단계가 아니었다. 그의 그런 예감은 조이로 경찰서에 도착해서 대충 적중되었다. 그들은 가르시아를 양옆에서 팔 하나씩을 꿰차고 어둠침침한 복도를 따라 깊숙이 들어가더니, 이윽고 어느 방의 철문을 열고 그의 등을 떠밀어 들여보냈다. 사방이 시멘트벽으로 막힌 그 방 천장에 촉수 낮은 전등이 매달렸고, 신문지만한 유리창이 달린 벽 쪽에 낡은 군용 침대와 책상이 나란히 놓여 있었을 뿐, 다른 어떤 장식이나 기구도 눈에 띄지 않았다. 무언가 일이 꼬여들고 있다는 불길한 예감이 그의 머리를 언뜻 스쳐갔다.

그런데 참으로 이상한 일이었다. 한 시간이 가고 두 시간이 지나도 누구 하나 코빼기를 내밀지 않는다는 점이었다. 문틈 사이로 바깥 동정을 살펴보기도 했지만 파수를 보고 있다는 낌새는커녕 하다 못해 지나가는 구둣발 소리조차 들리지 않았다. 억울하다기보다는 차라리 어처구니가 없었다. 매를 맞거나 주먹으로 쥐어박히는 모진 고문을 당하는 한이 있더라도 일단 여기까지 잡혀 온 영문이나 체득할 수 있다면 그 편이 되려 마음이 편할 것 같았다.

가르시아는 너무 성급하게 그들을 따라나선 게 아니냐는 의심이 들었다. 따져 볼 것은 충분히 조근조근 따져 보았어야 하지 않았을까. 그러나 아무리 되씹어 보아도 시르바를 위해 취하는 불가피한 조처라고 암시한 마이푸즈의 말은 가르시아만이 알아들을 수 있는 비유였다. 드디어 올 것이 왔다는 허탈이나 절망감으로도 피해 갈 수 없는 무서운 함정이 그를 기다리고 있었다. 이것이 행여 스쳐가는 지레 짐작이기를 기대해 보기도 했지만, 그러한 비원이 간절하면 할수록 도리어 가르시아는 짙은 회한만 가슴에 앙금으로 보태질 따름이었다.

그 절박한 경황에도 그는 깜박 잠이 들기는 했던 모양인가. 그는 꿈속에서 하필이면 소이수키를 보았다. 귀국 인사를 하러 온 그의 손을 잡으려는 찰나에 가르시아는 그만 잠이 깨고 말았다. 온몸이 땀으로 후줄그레 젖어 있었다. 그는 손가락 하나 움직이는 것조차 기력이 부칠 정도로 몹시 지쳐 버린 자신을 알아차렸다.

아침이 되어도 인기척이 없더니 점심때가 가까워서야 문이 열리고 마이푸즈가 들어왔다. 어제와 달리 그는 혼자였다. 그는 침대 위에 늘어지듯 드러누워 꼼짝도 않는 가르시아의 겨드랑이에 손을 넣어 일으켜 앉혔다.

"많이 불편하셨지요?"

"아직은 견딜 만하오."

"다행입니다."

"이제 나를 어떡헐 작정이오?"

"자리를 옮기시지요, 선생님."

그의 부드럽게 가라앉은 목소리에는 함부로 매치레를 하겠다거나 윽박질러 추궁하지 않겠다는 조짐이 확연했다. 그 조짐에서 가르시아는 이 사람이 누군가의 사주를 받아 각본에 따라 움직이고 있을 따름이라는 직감을 받았다. 가르시아는 그의 부축을 받아 일어섰다. 온몸의 뼈마디가 마치고 결려 발을 움직이는 것조차 사실은 힘겨웠다.

마이푸즈는 건너편 본관 건물 협문으로 들어서더니, 서장실이란 아크릴 표찰이 붙은 방으로 가르시아를 들여보내고 등뒤에서 문을 닫았다. 혼자 뒷짐을 지고 창 밖을 내가보고 있던 한 사나이가 가르시아를 향해 천천히 돌아섰다. 그는 아르세모였다.

"어서 오십시오, 가르시아 선생님."

그는 뒤꿈치에 힘을 주어 버티면서 정면으로 아르세모를 노려보았다. 아르세모 역시 그의 시선을 피하지 않고 마주 보았다. 그 때 등뒤에서 문이 열리고 정복 차림의 여순경이 대접 두 개가 얹힌 쟁반을 들고 들어섰다. 여순경은 탁자 위에다 들고 온 것을 내려놓고 도로 밖으로 나가 버렸다. 아르세모는 구둣발 소리를 내면서 소파

앞으로 다가섰다.

"이쪽으로 앉으시지요, 선생님."

가르시아는 대꾸 없이 탁자 앞으로 걸어가 앉았다. 여순경이 가지고 온 것은 잣죽이었다.

"잣죽입니다. 드십시오, 선생님."

아르세모가 먼저 수저를 들었다. 가르시아는 소태를 씹은 듯 입이 썼지만 사양할 처지가 아니었다. 돌이켜보면 어제 저녁 식사도 시답잖게 때운 터수에 아침마저 거른 상태였다.

"저는 직업상 여러 사람을 수없이 접촉해 보았습니다. 평소에 감히 그림자조차 밟기 어려운 지체 높은 어른을 상대하여서도 등 치고 배 문지르는 수작을 예사로 자행한 적도 있었습니다. 수틀리면 고함 지르고 따귀 때리는 것쯤 여반장이었지요."

아르세모의 어조는 비록 부드럽고 우호적이었지만 미상불 엄포에 위협인 것만은 부인할 수 없는 사실이었다. 그 같은 엄포와 위협을 하필이면 허기가 져 절로 등이 꺾어지는 사람의 턱밑에다 음식 그릇을 디밀어 놓고 자행하는 저의란 곧 고도의 고문으로 보아 무방한 일이 아니겠는가. 가르시아는 실제로 따귀를 얻어맞기라도 한 것처럼 절로 얼굴이 화끈거렸다.

"제가 감히 꾀를 내어 재간을 부린다 한들 평생을 문필 생활로 보내오신 선생님을 당할 능력이 있겠습니까. 하여 우둔하게 직설적으로 말씀을 드리고자 합니다. 협조해 주십시오."

"지금 협조라 하셨소?"

"예, 선생님."

"그러면 며칠 전에 내게 제의했던 그 일을 두고 하시는 말씀이오?"

"그렇습니다, 선생님."

"사양하겠소."

아르세모는 충분히 예견하고 있었던 듯 조금도 당황하지 않고 오히려 더욱 자신만만한 태도를 견지했다.

"사양하시는 것이 능사는 아닙니다, 선생님. 선생님의 명예와 노후를 생각하셔야지요. 어디 그뿐이겠습니까. 모이구지 씨와 도이미나 군의 앞날도 선생님 마음먹기에 달렸습니다."

가르시아는 가만히 수저를 내려놓았다.

"나는 오래 전부터 자기 인생은 자기가 책임을 져야 한다고 가르쳐 왔고, 다행히 내 자식들도 그 점에 익숙해 있다고 자부합니다."

가르시아의 어조는 여전히 냉담했다. 아르세모는 그러나 곧 자세를 바로잡고 반격을 개시했다.

"지금 스웨덴에 유학중인 소이수키 박사가 정부 초청으로 불원간 귀국할 예정입니다. 만약 선생님께서 그 분의 귀국을 원하지 않으신다면 초청 자체를 취소시킬 수 있습니다만……?"

그 말은 확실히 가르시아에게 충격적이었다. 탁자 위에 올려져 있던 손 하나가 제 스스로의 무게를 이기지 못해 스르르 미끄러지는 견직물처럼 아래로 힘없이 축 늘어지고 말았다. 어젯밤 마이푸즈가 가르시아를 연행하면서 시르바에게 던진 의미심장한 언질의 실체가 비로소 여지없이 본색을 드러내는 순간이었다. 이제 더 이상 무엇을 의심하랴. 사태가 여기에 이르렀다면 모르긴 하나 테레사 역시 어딘가에 연행되어 갖은 고초를 겪고 있을 것이 틀림없었다. 심장의 박동이 멎는 듯한 오랜 침묵 끝에 가르시아가 입을 열어 물었다.

"테레사는 지금 어디 있소?"

아르세모는 이를 드러내어 싸늘하게 비웃었다.

"저희가 지금 정중히 모시고 있으니 그 점은 조금도 염려하실 것 없습니다. 그리고 이번 일은 나와 마이푸즈 형사 외에는 그 누구도 아는 사람이 없습니다. 당연한 일이겠지만 선생님의 명예에 손상이 가서는 도리가 아니겠기에 보안 유지에 만전을 기하고 있습니다. 기왕 말이 나왔으니까 드리는 말씀이지만 저는 선생님을 지난번 내각 개편 당시 정무장관으로 천거했던 장본인입니다. 비록 성사는 되지 못했습니다만, 저는 개인적으로 선생님의 능력과 경륜을 믿고 있습니다."

"그렇지 않소. 나는 아무것도 가진 것이 없고, 게다가 요즘은 기력조차 전 같지 못해 소매 걷어붙이고 나설 처지가 아니오."

"아닙니다, 선생님. 선생님께서 하실 일은 얼마든지 있습니다."

아르세모는 호주머니에서 차곡차곡 접은 종이를 꺼내었다. 가르시아가 피플모닝에 넘겨 주려고 썼던 칼럼 원고였다. 그는 그것을 가르시아가 지켜보고 있는 목전에서 발기발기 찢어내면서 말했다.

"카이주아 사태는 정권 탈취에 야욕을 드러낸 폭도들의 난동입니다. 그들은 고의로 무기고를 습격하여 빼앗은 총기로 진압군을 무차별 사살했을 뿐만 아니라, 은인자중하는 시민들을 선동하여 거리로 몰아붙인 다음 시위대에 합류시킨 건달에 불한당이었습니다. 그러니까 민주화를 향한 애국 항쟁이라는 말씀은 애초부터 천부당만부당한 이야기지요. 그럼에도 지금 여론은 모든 책임이 현 정권에 있는 것처럼 오도되고 있습니다. 그러니까 제 말은, 조금 전에 말씀드린 사건의 개요를 참고하셔서 칼럼 원고를 다시 써 주셨으면 합니다."

"하필이면 왜 내가 그 일을 감당해야 하지요?"

"평생을 정치와 무관하게 살아오신 선생님의 고매하신 인격과 꼿꼿한 지조를 국민들은 흠모하고 있습니다. 선생님 말씀이라면 팥을 콩이라 우긴대도 감히 누가 나서서 아니라고 항의하겠습니까."

가르시아는 조금 사이를 두었다가 물었다.

"댁들이 요구하는 일에 내가 기꺼이 협력한다면 모이구지도 도이미나도 모두 일신이 무사하겠지요?"

"그야 당연지사 아니겠습니까. 테레사 씨도 함께 무사하겠지요."

"그러니까 나보고 지금 국민의 눈과 귀를 기만하는 일에 협잡배의 꼭둑각시로 나서 달라 그 말이지요?"

"너무 고깝게만 생각하지 마십시오, 선생님."

"당신들은 짐승만도 못한 치사하고 더러운 인간들이오!"

가르시아는 침을 퉤 뱉어냈다. 그러나 아르세모도 결코 만만한 인물이 아니었다. 그는 눈썹 하나 까닥이지 않았다.

"우리가 짐승만도 못한 치사하고 더러운 인간이라 비난받아 마땅하다면, 스스로 주례까지 서 가며 두 사람의 앞날을 축복해 마지않았던 스승이 계속 아끼고 보살펴 주어야 할 온정과 책임을 저버리고, 그 제자의 아내를 가로채어 은밀히 통정해 온 선생님은 정녕 짐승과 무엇이 다릅니까?"

스스로 세상 물정에 그리 어둡지 않다고 판단하면서 누구 눈치 보지 않고 별 거리낌 없이 살아온 한평생을 회고하더라도 이처럼 꾸어다 댈 변명의 여지 하나 없이 완벽하게 말구멍이 막혀 보기는 난생 처음이었다. 차라리 살피듬을 도려내는 악형을 당한들 이보다 더하지는 않으리라 생각하면서도 도대체가 빠져나갈 묘안이 막연한 데는 억울하기에 앞서 너무 어처구니가 없었다. 눈을 내리감고 나직이 숨을 몰아쉬는 그를 달래듯이 아르세모는 다시 말했다.

"오늘 하루 더 생각해 볼 기회를 드리겠습니다. 하지만 기회는 여러 번 오는 것이 아닙니다."

가르시아는 아르세모와 헤어져 어젯밤에 묵었던 방으로 되돌아갔다. 마이푸즈가 타자기를 그 방으로 들여보내 주었다. 해가 저물고 다시 밤이 깊어질 때까지 그는 책상 앞으로는 한 발짝도 다가서지 못했다. 정체 모를 오한이 엄습했으나 그 때문에 글을 쓰지 못할 정도는 아직 아니었다. 자기처럼 어느 후진 구석방에 처박혀 창피에 모멸까지 당하면서 그 동안의 경위를 세세히 추궁당하고 있을 테레사의 초췌한 모습이 자꾸 눈에 어른거렸다.

곰곰 내막을 헤집어 보면 가르시아 그 자신은 물론이거니와 테레사 역시 이치와 순리로써는 이 어려운 궁지를 비켜나갈 구멍이 일체 없었다. 방법은 하나밖에 없었다. 눈 질끈 감고 아르세모의 요구를 들어 주는 일이었다. 모이구지와 도이미나를 구원하는 방법도 거기서 비롯되고 있었다. 더도 덜도 말고 딱 한번만 어지러운 세상과 타협을 해? 가르시아는 달콤한 유혹의 속삭임에 머리가 어지러웠다.

그러나 다시 생각해 보면 아르세모의 요구 조건이 너무 버겁고 황당했다. 이쪽이 옳다 주장하면 이쪽 고개를 끄덕였고 저쪽이 옳다 하면 저쪽 고개를 끄덕이면서 항상 무던하고 너그럽게 살아왔고, 설령 그렇지 못한 경우에 처하더라도 결말은 언제나 그렇게 귀정이 나도록 도모해 온 가르시아로서는 특히 그랬다. 하지만 지나간 이력이야 어떠했든 이제 가르시아 앞에는 손바닥이 아니면 손등을 내밀어 보여야 하는 선택의 순간이 가로막고 서 있었다.

방은 덥지 않았다. 오히려 싸늘한 기운이 서려 있었는데도 이마와 목덜미로 땀이 배어났다. 가르시아는 손수건을 꺼내 꼼꼼히 땀을 훔쳐냈다. 아버지와 할아버지의 얼굴이 희미하게 떠올랐다. 생각해 보면 더불어 사는 이웃을 위해 자신을 버릴 줄 알았기 때문에 그들은 오래 사는 사람들이었다. 구차스런 연명은 차라리 살아 내내 지울 수 없는 치욕이라는 점도 그 때 더욱 선명하게 그의 머리 속을 비집고 들었다. 그는 벽에 등을 기대고 앉아 안경을 벗어 들었다. 그리고 그는 지그시 눈을 감으면서 힘주어 혀를 깨물었다. 귓전에서 세찬 바람 소리가 일면서 비릿한 피냄새가 문득 구역질을 일으켰다. 그 때 누군가가 출입문에 가로질린 빗장 벗겨내는 소리를 들으면서 가르시아는 모로 비실 쓰러지고 말았다.

수상작 — 서라벌문학상

의혹

　나는 의자 등받이에 기대고 있던 상체를 곧추세우면서 수화기를 잡은 손에 서서히 힘을 가했다. 문학과비평 겨울호에 실린 채원종蔡元鐘의 〈가면놀이〉가 모정문牟鼎文의 〈두 얼굴〉을 표절했다고 서태욱徐泰煜이 주장한 것이다. 서태욱은 도서출판 문예정신과 계간문예지 문학과비평의 편집주간이며, 저명한 문학평론가다.
　"제가 지금 그쪽으로 가겠습니다."
　"오는 건 좋아. 그렇지만 뭘 그렇게까지 서두르시나."
　그가 한 발 물러서는 듯해서 상대적으로 나는 조금 조급해졌다.
　"아니죠. 이건 절대 그냥 넘어갈 일이 아닙니다."
　그 날 오후에 이경후李京厚가 신문사로 나를 찾아오기로 선약이 되어 있었다. 시인이며 문학평론가이도 한 이경후는 내가 문학담당 기자로 발령이 난 이래 조언을 아끼지 않았던 고등학교 동기동창이다. 그러나 그가 나타나기를 한가롭게 기다리고 앉아 있을 계제가 아니었다. 나는 책상 위에다 행선지를 밝힌 메모지를 남겨놓고 신문사를 나섰다.

문예정신사까지는 도보로 이십분 거리가 채 못된다. 토요일 오후의 거리가 흔히 그렇듯이 차도는 벌써 주차장이나 진배없었다. 나는 걸어가기로 마음먹고 신문사 앞 횡단보도를 건너갔다. 걸어가면서 생각해 보니 모정문의 〈두 얼굴〉이란 작품을 읽어 본 기억이 안 났다. 언제 어디다 발표한 무슨 작품일까.

나를 본 서태욱은 대뜸 이렇게 물었다.

"읽어 본 적 없지? 〈두 얼굴〉 말이야."

"그러잖아도 여기 오면서 내내 그 생각을 했습니다. 저는 도무지 기억에 없는 작품인데, 어떤 작품입니까?"

"육십장 안팎의 짧은 단편소설이야."

그는 내게 두 권의 잡지를 건네주었다. 하나는 문학과비평이었고, 다른 하나는 내가 처음 보는 어문학회 학술지學術誌였다. 전년도 가을에 출간된 그 학술지에 〈두 얼굴〉이 실려 있었다. 학술지에 단편소설이 실려 있다는 사실 자체가 좀 의외다 싶어서 판권란을 살펴보았더니, 발행인이 모정문이었다. 나는 문학과비평을 집어들었다.

"지금 시중에 한창 깔리고 있겠군요."

"시내 대형 서점에는 이미 다 깔렸지."

"그렇겠군요. 요즘은 몇 부나 찍습니까?"

대답을 기대하고 던진 질문은 물론 아니었다. 지나가는 말로 그냥 한번 해본 소리였다. 경험에 의하면 문예지 편집자들치고 발행부수를 사실대로 공개하는 사람은 아무도 없었다. 그들은 책이 팔리지 않아 죽을 지경이라고 엄살을 떨다가도 이야기가 발행 부수에 이르면 금세 표정이 달라지면서 노골적으로 허세를 부렸다.

"이만부."

서태욱은 웃지도 않고 말했다.

"네에?"

"인쇄소에 가서 물어 보라구. 지난 여름부터 부수가 부쩍부쩍 늘어나더라니까."

그의 표정은 의기양양했다.

"조만간 출판 재벌이 탄생하겠군요."

"에이, 재벌은 무슨……"

그는 손을 들어 내저었다.

"돈 많이 벌어서 고료도 좀 듬뿍 올려 주고 그러세요. 문예지에서 주는 고료 가지고 먹고 살기 힘드니까 작가들이 써야 할 작품은 쓰지 않고 엉뚱한 곳에다 아까운 재능을 죄 탕진해 버린다고 하지 않습니까."

그는 나와 눈길이 마주치는 것을 피해 버렸다. 이야기가 원고료에 미치는 것을 피하고 싶어하는 눈치였다. 문예지들 중에서도 문학과비평의 원고료가 가장 박하다는 이야기를 나는 듣고 있었다.

"말이 났으니까 하는 말이지만 나도 실은 이놈의 애물단지 때문에 죽을 맛이라네."

내가 알기로 계간문예지 문학과비평은 도서출판 문예정신을 지키는 간판이며 기둥이었다. 물론 대부분의 문예지들이 그렇듯이 문학과비평 자체는 적자 투성이였다. 하지만 문학과비평을 운영하면서 얻어지는 부가가치가 상당하다는 것은 알려진 사실이었다. 문예정신사에서 시인詩人, 작가作家들을 선별하여 그들의 시집이나 소설을 도맡아 출판할 수 있는 것도 문학과비평이 이면에 버티고 있었기 때문이다. 실제로 문학과비평을 창간하기 전의 도서출판 문예정신은 문인들의 주목을 받지 못하는 그렇고 그런 영세 출판사에 지나지 않았다. 그러다가 문학과비평이 창간되고, 서태욱의 비평활동이 활발해지면서 문예정신사는 비약적인 발전을 거듭했다. 채원종의 장편소설 〈사람의 숲〉이 베스트셀러에 오른 것도 그 좋은 예였다.

나는 문학과비평의 목차를 살펴보았다. 〈가면놀이〉는 중편소설로 권말卷末에 실려 있었다.

"선배님."

"응?"

나는 기자수첩을 꺼내 들었다.

"주로 어떤 점들이 표절인지 좀 구체적으로 지적해 주시겠습니까?"

"표절 여부를 검증한다는 것은 말처럼 쉬운 일이 아니야. 허나 이 작품의 경우는 정황이 너무 명백해서 의심의 여지가 없지. 우선 인물 설정부터 살펴볼까."

서태욱은 〈가면놀이〉가 〈두 얼굴〉의 표절일 수밖에 없는 증거를 하나하나 예를 들어 가면서 세세히 설명했고, 나는 두번 세번 확인해 가면서 꼼꼼히 메모를 했다. 기사가 나가고 난 다음에 야기될 심각한 파장을 생각하면 어느 한 대목도 소홀히 들어 넘길 수가 없었다.

"저도 한번 숙독熟讀해 보겠습니다."

취재를 마친 나는 서둘러 신문사로 돌아갔다. 이경후는 아직 도착 전이었다. 나는 모정문의 〈두 얼굴〉을 먼저 읽고, 이어 채원종의

〈가면놀이〉를 읽어 보았다. 작품을 읽는 동안 서태욱의 주장을 반박할 수 있는 근거를 찾아보려고 의도적으로 애를 써 보았지만 허사였다. 내가 보기에도 표절이 명백했다.

나는 내친 김에 컴퓨터를 작동시켰다.

――문단에 표절 시비가 일고 있다. 소설가 모정문牟廷文씨(68)는 문학과비평 가을호에 실린 채원종蔡元鐘씨(44)의 〈가면놀이〉가 자신의 단편소설 〈두 얼굴〉의 표절이라고 주장하고 나서서 관심을 모으고 있다. 채원종씨의 〈가면놀이〉는 사회적 명사인 하박사를 중심으로 그의 2명의 여비서와 운전기사를 둘러싼 일련의 엽색행각을 통해 이중인격자이며 이중국적자인 하박사를 고발하는 내용의 중편소설이다.

작가 모牟씨는 이 소설이 모某 어문학회지에 실린 자신의 단편소설 〈두 얼굴〉의 표절이 틀림없다고 주장했다. 어느 제자의 귀띔을 받아 〈가면놀이〉가 실린 문예지를 입수, 면밀히 검토했다는 모牟씨는 표절의 근거로 두 작품이 비슷한 다음 사항들을 제시했다.

하박사가 사회적 저명인사이면서 이중국적자로 묘사된 점, 여비서 수진이 최근에 입사한 점, 윤미가 전 여비서라는 점, 영민이 하박사의 수제자이고 하박사의 중매로 전 여비서 윤미와 약혼했다는 점, 운전기사 명규가 하박사의 재산상속을 노리고 있다는 점, 하박사의 가족이 미국에 이민 가 있다는 점, 하박사가 현 여비서와 전 여비서를 농락했다는 점, 하박사의 침실이 이층에 있다는 점, 등장인물의 숫자와 직업이 일치하고 있다는 점.

이에 대해 〈가면놀이〉의 작가 채蔡씨는 기자와의 전화 인터뷰에서 〈두 얼굴〉은 읽어 본 적도 없다면서 '표절이 아니라 모든 상황이 우연의 일치일 뿐'이라고 표절설을 강하게 일축했다. 두 작품을 모두 읽어 보았다는 문학평론가 S씨는 '틀림없는 표절'이라고 주장했다.——

"너 지금 추리소설 쓰고 있는 거냐?"

돌아다보니 이경후였다. 그는 어깨 너머로 방금 내가 작성한 컴퓨터 화면의 기사를 들여다보고 있었다.

"봤어?"

"모정문 선생님은 지금 국내에 계시지 않아. 국내에 계시지도 않는 분이 표절 운운 주장한다는 것부터가 환상적인 거짓말이잖아."

"모 선생님은 그럼 지금 어디 계시는데?"

"오사카. 막내따님이 재일교포와 결혼해 일본에 살고 있잖아."

나는 말없이 고개를 끄덕이면서 비어 있는 옆자리의 의자를 끌어당겨 그에게 권했다.

"채원종씨는 만나 봤어?"

"아직."

"표절이 아니라 우연의 일치일 뿐이라고 강하게 일축했다면서?"

"대충 그런 스토리로 흘러갈 게 뻔한 일 아닌가, 이 사람아."

"발로 뛰어. 책상머리에 붙어 앉아 제멋대로 꾸며 쓰지 말고."

"또 시작이다, 그놈의 잔소리."

신문사 부근의 술집으로 자리를 옮겼다. 술집으로 옮겨 앉아서도 우리의 화제는 바뀔 줄을 몰랐다.

"기사가 나가게 되면 채원종씨는 그것으로 끝장이겠지?"

"문단의 웃음거리로 그칠 일이 아니야. 표절작가란 낙인이 찍힌 이상 무슨 낯으로 작품활동을 계속하겠나."

"자업자득이야."

"하지만 석연치 못한 구석이 많아."

"주로 어떤 점이?"

"조만간 채원종의 창작집이 문예정신사에서 출간된다구. 그걸 어떻게 아느냐 하면, 내가 그 작품의 해설을 써 주었으니까."

"그런데?"

"내가 서태욱이라면 표절 시비를 쉬쉬 감추어 보려고 애썼을 거야. 채원종의 창작집 출간을 포기하지 않았다면 말이야."

"상황이 이렇게 전개된 이상 창작집 출간은 일찌감치 포기했다고 봐야겠지."

그러나 그는 고개를 가로저었다.

"그동안 톡톡이 효자 노릇을 해온 〈사람의 숲〉을 봐서라도 문학과비평에다 〈가면놀이〉를 싣지 말았어야지. 표절인 줄 알면서 실어 준 저의가 뭐겠어?"

"처음에는 몰랐겠지."

"아니야. 그렇지 않아. 그 자는 처음부터 그 사실을 분명히 알고 있었어. 알고 있으면서 마지막 순간까지 모른 척 시치미를 떼고 있었던 거야. 잡지가 나오는 날 기자를 불러 그 사실을 슬그머니 흘려 준 것이 그 증거야. 고도의 계략이 숨어 있는 것 같애."

나는 천천히 술잔을 비워냈다.

"다른 사람도 아니고 모정문 선생님의 작품을 표절한 작가야. 그런 채원종을 애써 두둔하는 이유가 뭐야?"

"이번에 그의 창작집 해설을 쓰면서 나는 채원종이란 작가를 다시 보게 되었어. 그는 찬사를 받아 마땅한 능력 있는 작가야. 더욱 중요한 것은 채원종씨와 모정문 선생님의 인간 관계야. 채원종씨가 모정문 선생님의 추천을 받아 문단에 데뷔했다는 사실은 알고 있겠지?"

"응."

"내가 장담하건대 채원종씨는 스승의 작품이나 표절하는 그런 부도덕한 작가가 아니야."

"하지만 명백한 증거가 드러났는데야 어쩔 수 없잖아."

밤이 꽤 깊어서야 우리는 헤어졌다. 이튿날은 일요일이었다. 늦은 아침 식사를 마치고 아내와 함께 커피를 마시고 있는데 생각지도 않았던 이경후가 찾아왔다. 그의 집과 우리 집은 자가용으로 약 십분 거리였다. 그는 등산복 차림이었다.

"나 지금 등산 가는 길에 잠깐 들렀어."

그는 아파트 출입문 앞에서 가지고 온 책을 내게 내밀었다.

"이게 뭐지?"

"읽어 봐. 읽어 보면 참고가 될 거야."

그것은 포항에서 발행되는 동인지同人誌 〈동해문학〉이었는데, 거기에 '우리 모두 겸허하게 반성하자'는 채원종의 권두언이 실려 있었다.

——당신이 장편소설을 쓰기 시작했다는 소식을 전해 들었습니다. 나는 반갑게 생각하면서도 걱정이 앞서는 것을 어쩔 수 없었습니다. 아시다시피 우리 소설은 중·단편 위주로 발전해 왔습니다. 문학의 한국적 후진성으로 진단할 수밖에 없는 이런 현상과 관행은 2천년대를 목전에 둔 지금 이 시점에서도 변할 기미를 보이지 않고 있습니다.

지금 우리 나라에는 각종 문학상이 난립해 있습니다. 그 중의 몇몇 문학상은 전통과 권위를 자랑하고 있어 문단 안팎의 관심도가 매우 높습니다. 그런데 어떻습니까. 전통과 권위를 자랑하는 그 문학상의 수상작은 예외 없이 중·단편입니다. 이유는 지극히 간단한 원리에서 출발합니다. 수상의 물망에 올랐던 후보작까지 합쳐 단행본으로 묶어 팔아 먹어야 하기 때문입니다. 전통과 권위까지 싸잡아서 빤한 장삿속으로 타락해 버린 이런 어처구니없는 작태 앞에서도 우리 문단은 지금 속수무책입니다. 심지어 그런 작품들을 선정하는데 일조를 아끼지 않은 심사위원조차도 자기 반성 같은 것을 기대하기조차 어려운 이상한 상황에서 우리 모두는 장사꾼이 주선한 잔치마당에 묵시적인 참여를 강요받고 있습니다.

　출판사에서 펴낸 한국문학전집의 경우만 해도 그렇습니다. 가령 100권짜리 전집이 나왔다고 합시다. 100권짜리 문학전집, 이건 생각만 해도 가슴이 벅찬 대역사大役事입니다. 이런 정도의 분량이면 우리 나라 문학 작품의 대표작은 거의 망라되었다고 믿어도 좋습니다. 여타 출판사에서 마르고 닳도록 우려먹고 또 우려먹은 작품들을 골라 모았다는 점이 다소 유감스럽기는 하지만 그것까지야 구태여 우리가 상관할 바가 아니겠지요. 그런데 나는 여기서도 참으로 이상한 현상을 발견합니다. 이 100권짜리 문학전집에 들어 있는 대부분의 작품이 중·단편에 국한되어 있다는 사실입니다. 사정이 그렇고 보면 그동안 오로지 장편소설에 전심전력을 기울여 온 작가의 작품이 이런 자리에서 제외되고 배척당하게 마련인 것은 당연지사 아니겠습니까.

　신문에 실리는 기사나 월평月評을 보아도 그렇습니다. 주먹만한 활자에 대문짝만한 얼굴 사진까지 곁들여져 있어서 모처럼 대단한 작품이 나왔나 보다 싶어 설레이는 마음으로 내용을 훑어보면 고작 100장 안팎의 단편소설이거나 길어야 300장 안팎의 중편소설을 소개하고 있기가 예사입니다. 이런 기사가 실린 난에는 으레 장편소설 출간도 구색 맞추어 소개되고는 있지만, 그 내용이 아주 빈약합니다. 1단짜리 기사로 두세 줄, 길어야 대여섯 줄로 짤막하게 소개하고 있습니다. 적어도 1천장, 많으면 2, 3천장 이상의 장편소설이 그런 식으로 푸대접을 받아도 누구 하나 나서서 이의를 제기하는 사람도 없고, 이의를 제기할 처지도 못됩니다. 100장 내지 300장 안팎의 중·단편만도 못한 푸대접을 받아 가면서 애써 장편소설에 매달린 작가의 노고를 어리석고 미련하다고 손가락질을 하지 않은 것이 그나마 다행입니다.

기업체에서 발행하는 사보社報 덕분에 우리 작가들이 그동안 참 많은 꽁트를 발표했습니다. 그래서 꽁트집도 여러 권 나왔구요. 하지만 이들 꽁트가 비평의 대상이 된 적을 나는 보지 못했습니다. 꽁트와 단편의 속성이 다르고, 중·단편과 장편의 위상이 다르다는 것을 모르고 하는 말이 아닙니다. 짧은 소설이 우대받는 우리 나라 문학 풍토에서 꽁트가 비평의 대상이 되지 않는 까닭을 나는 모르겠습니다. 중·단편이 우리 나라처럼 우대받는 나라는 아마 유례를 찾아보기 어렵지 않나 생각합니다. 그러나 내가 감히 단언합니다. 지금은 비록 빼어난 우수작으로 손꼽혀 세상의 눈과 귀를 속이고 허명虛名을 훔치지만 그것이 중·단편인 이상 오래잖아 지금 우리가 예사롭게 대하는 꽁트 이상의 관심도를 지니지 못할 날이 반드시 있을 것입니다. 누가 뭐라고 하든 소설의 주체는 마땅히 장편이어야 하고, 그것은 세계적인 추세이기도 합니다. 내가 과문한 탓인지는 모르겠으나 중·단편이 노벨문학상의 수상작으로 선정된 적이 없다는 사실을 기억하셔야 할 줄로 압니다.

말이 기왕에 노벨문학상에 이르렀으니 짧게 한 마디만 언급하겠습니다. 어쩌다 그 방면에 길이 열려 작품이 영어나 불어로 번역이 되기만 하면 그 당장 노벨문학상 심사위원이 껄떡 죽어 달려올 것처럼 착각하고, 나라의 힘이 거기에 미치지 못함을 안타까워 하는 덜 떨어진 얼치기 시인·작가들이 우리 주변에는 적지 않습니다.

　요즘 생각을 바꾸자는 말을 참 많이 하고 있습니다. 그렇습니다. 우리 문단도 틀에 박힌 고정관념에서 탈피할 때가 되었다고 봅니다. 시인·작가는 말할 것도 없고, 신춘문예를 포함한 각종 문학상 심사에 참여하는 심사위원들, 그것을 주최하는 출판사와 잡지사들, 그리고 문학비평가들 모두가 마음의 그릇을 크게 가져야 하겠습니다. 내가 다시 말하지만 이제부터라도 장편소설에 보다 적극적인 관심과 애정을 기울여야 하겠습니다. 조금 잘 팔리면 대중소설로 매도하고, 안 팔리면 함량 미달로 단죄하는 이런 무책임한 이분논법으로 방치해 둔다면 우리의 장편소설은 더 이상의 발전을 기대하기 어렵습니다.

　나는 내가 문단 말석에 보잘 것 없는 얼굴을 내밀었을 때를 가끔 돌이켜보곤 합니다. 그 무렵은 난생 처음 만난 사이면서도 동류同類라는 사실 하나만으로 마치 오랜 지기지우知己之友인 것처럼 서로 인정 베풀기를 꺼리는 법이 없었습니다. 그런데 지금은 어떻습니까. 이편인가 저편인가 먼저 알아보고 내 편이 아니면 깔보고 업신여기고 배척하고 손가락질하는 일이 노골적이게 되었습니다. 인심이 이렇게까지 야박하고 각박한 적이 옛날 어느 시대에도 없었던 걸 우리는 알아야 합니다.

　문학상 심사에 참여하는 사람들이 반성해야 할 점도 적지 않습니다. 예로부터 허물 있는 자에게 죄를 내리기보다 잘한 사람에게 상을 주기가 더 어렵다 하였습니다. 공정하고 명백하게 살펴서 의혹이나 억울한 사람이 없게 하기란 그리 쉬운 일이 아닙니다. 권하고 강요하는 이가 있더라도 모름지기 조심하고 두려워하는 마음으로 사양하고 양보하여 덕과 능력을 갖춘 사람에게 책임이 가도록 스스로를 낮추어 삼가는 것이 폐단을 방지하는 지름길이 아니겠습니까. 두어 번 선택받아 위력을 발휘해 보았으면 그것으로 만족할 일이지, 나아갈 자리와 물러서야 할 곳을 구분하지 못하고, 부르는 곳마다 숨가쁘게 달려가서 사정私情을 교묘히 숨기고 평소에 친한 사람이나 아류亞流를 밀어 주고 끌어올리기를 능사로 삼는 이가 우리 문단에는 분명히 있습니다. 신춘문예에 참여하는 심사위원도 사정은 별반 다르지 않습니다. 다양한 개성을 갖춘 신인을 발굴한다는 것은 우리 문학의 내일과도 직결되는 문제여서 참으로 중요한 일입니다. 그러자면 심사위원도 따라서 다양해져야 한다고 봅니다. 저만한 능력과 덕망을 갖춘 작가가 세상에 없는 것이 아닙니다. 부르고 권한다 하여 때만 되면 신문사마다 쫓아가 어줍잖은 평문評文으로 지면을 어지럽혀 뜻있는 사람들의 눈살을 찌푸리게 하면서도 부끄러움을 모르는 소인배는 없는지요. 보기에 딱하고 민망하지만 이런 사람들이란 예로부터 제가 남보다 잘난 줄만 알았지 세상에 사람 있는 줄을 알지 못합니다. 이런 사람들이란 남의 말에 귀를 기울이는 법이 없습니다. 사양하고 양보하는 것이 스스로를 위해서도 좋지 않겠느냐 충고할라치면 오히려 불같이 화를 내게 마련이어서 차라리 가만히 웃어 보이거나 못 본 척 돌아서는 것이 미덕인 지 이미 오래 되었습니다. 어른이 어른답지 못하면서 젊은이들의 버릇 없고 방자함을 탓해 보았자 무슨 소용이겠습니까.

그렇다고 사태가 절망적인 것만은 아닙니다. 지금은 비록 거기에 상응하는 대접을 받지 못하지만, 그래도 시류에 야합하지 않고 정도正道를 걸어가고자 고군분투하는 젊은 작가들이 우리 곁에 많이 있습니다. 출판사나 문예지의 주구走狗로 전락해 버린 사이비 비평가들이 비평 일선에서 물러서고, 여타 작품은 읽어 보지도 않고 미리 수상자를 결정해 가지고 심사장에 나아가 교묘한 화술과 문력文歷의 권위로써 상대방을 제압하여 자기 고집만 부리거나, 주최측의 농간에 놀아나면서도 그게 아닌 척 시치미를 떼는, 어른답지 못한 심사위원 단골손님들이 도태되는 날도 멀지 않았습니다. 오로지 사람 만났다는 실적 쌓기에 분주한 관련 고위 관리官吏를 만나 사리에 닿지도 않은 몇 마디 요설을 중언부언 지절거려 놓고 마치 한국문학 발전에 지대한 직언直言이나 남긴 듯이 으스대는 덜 떨어진 문사文士들이 설 자리도 그리 많지 않습니다. 시인 · 작가가 같은 자리에 함께 있더라도 말이 비평가나 문학상 심사위원에 미치게 되면 입을 가리고 손짓을 하면서, 이로 인해 다만 손해를 입을 따름이라고 서로 경계하기에 분주한 소인배들이 물러서는 날, 우리 작가들의 서사 역량을 충분히 자아낼 수 있는 문학적 장치도 자연스럽게 마련될 줄로 믿습니다. 아무쪼록 열심히 쓰십시오, 사랑하는 나의 마글론!──

내가 그 글을 읽고 가장 먼저 떠올린 사람은 서태욱이었다. 그 이유는 서태욱이 그동안 각종 문학상이나 신춘문예의 단골 심사위원으로 위력을 발휘해 온 때문이다. 서태욱을 구체적으로 지칭한 대목은 물론 그 글의 어느 대목에도 없었다. 하지만 서태욱을 연상하는 글이라는 점을 인정하는데 그다지 큰 어려움이 없는 것도 사실이었다. 예를 들어 서태욱이 심사위원으로 참여하는 문학상의 수상자로 문예정신사에서 창작집을 내지 않은 작가가 거의 없다는 사실은 숨겨진 비밀이 아니었다. 그로 인해 서태욱 주변에는 많은 젊은 작가들이 어른거렸고, 문단 안팎에서는 그들을 서태욱사단으로 분류하기를 꺼리지 않았다. 스스로는 어떻게 생각하고 있는지 모르겠으나 〈사람의 숲〉을 낸 이후로 채원종 역시 그 대열에 편입되어 있었다. 그런 그가 서태욱에게 반기를 드는 듯한 글을 내놓았고, 그것이 빌미가 되어 서태욱이 채원종을 타기唾棄하게 되었는지도 모른다는 의혹이 내 머리를 스쳐갔다.

나는 채원종의 집으로 전화를 걸었다. 전화를 받은 사람은 그의 부인이었다.

"요즘은 퇴촌 집필실에 내려가 계시는데요."

채원종이 직장 없이 글만 써서 먹고 사는 전업작가라는 사실은 진작부터 알고 있었지만 교외郊外에다 집필실까지 갖추고 있을 줄은 전혀 예상 못한 일이었다. 내가 알기로 그의 부인은 초등학교 교사다. 나는 부인이 가르쳐 주는 퇴촌 집필실 전화번호를 메모지에다 옮겨 적었다. 전화를 끊기 직전에 그의 부인은 말했다.

"지금 집필실에 계시지 않을는지도 모르겠네요."

"왜요?"

"오늘 아침에 통화를 했는데 오전 중에 서울로 들어오신댔어요. 문예정신사에 볼일이 있다면서요."

"일요일인데, 출근하는 사람이 있을까요?"

"그건 잘 모르겠습니다."

나는 부인과의 통화를 끝내고 퇴촌으로 전화를 걸었다. 신호는 가는데 전화를 받는 사람은 없었다. 전화를 끊었다가 다시 걸어 보았으나 결과는 마찬가지였다. 나는 혹시나 싶어 이번에는 문예정신사로 전화를 걸었다. 당직 근무자거나 경비원인 듯한 남자가 전화를 받았다.

"서태욱 주간님께서 나와 계십니까?"

"아니요. 오늘은 일요일입니다."

매우 귀찮아하는 투가 역력했다.
"댁에 전화를 걸어 보았더니 회사에 나가셨다고 하더군요."
"어디신가요?"
"신문삽니다."
"어느 신문……?"

나는 수화기를 내려놓았다. 전화를 끊고 나서 나는 곧 후회했다. 채원종이 거기에 들렀더냐고 물어 보았어야 했고, 나중에라도 그가 나한테 전화를 걸 수 있는 조치를 취해 놓았어야 했던 것이다. 다시 전화를 걸고 싶었으나 그렇게 하지 못했다. 말하는 도중에 일방적으로 전화를 끊어 버린 탓이었다. 나는 이리저리 궁리하다가 서태욱의 집으로 전화를 걸었다. 그 역시 부재중이었다.

나는 채원종의 집으로 다시 전화를 걸었다.
"밤이 늦어도 상관없습니다. 상의할 일이 있어 그러니까 나한테 전화를 걸어 주시면 좋겠다고 전해 주십시오."

나는 그의 부인에게 우리 집 전화번호를 알려 주었다. 그러나 채원종에게서는 전화가 걸려 오지 않았다. 밤에 나는 다시 그의 부인과 통화를 했다. 채원종은 그 날 집에도 오지 않았고, 하루 종일 전화 연락도 없었다고 대답했다. 퇴촌 집필실로 전화를 걸어 보았으나 낮에 그랬던 것처럼 여전히 전화를 받는 사람은 없었다.

월요일 아침에 출근한 나는 다시 채원종을 찾기 위해 여기저기 전화를 걸어 보았다. 그러나 그는 여전히 실종失踪 중이었다. 오전 내내 기다렸으나 그에게서는 아무 연락이 없었다. 오후에 나는 문예정신사로 서태욱을 찾아갔다.

"제가 알기로 선배님은 문학과비평에 실리는 작품을 사전에 읽어 보고 게재 여부를 결정한다고 들었습니다."

"그야 당연한 일 아닌가."

"〈가면놀이〉도 예외는 아니겠지요?"

"물론이지."

"그렇다면 표절 여부는 처음부터 알고 있었다고 봐도 되겠습니까?"

나는 쿡 쥐어박듯이 물었다. 그는 고개를 가로저었다.

"그렇지 않아. 처음에는 전혀 몰랐지. 나중에 편집장이 갖고 온 견본책을 살펴보다가 문득 그런 의심이 들었지. 그래서 〈두 얼굴〉을 다시 찾아 읽어 보게 되었던 거야."

"사안이 사안인만큼 신중을 기하지 않을 수 없습니다. 그 점은 선배님께서도 충분히 이해해 주실 줄로 압니다."

일단 유보하겠다는 암시로 한 말이었다. 서태욱은 즉각적인 응답을 회피했다. 그러나 그는 결국 이렇게 말했다.

"선택의 여지가 없는 문제야."

서태욱은 대한신문 기자 출신이다. 그러니까 1980년에 신군부新軍部가 등장하는 와중에서 쫓겨난 해직언론인解職言論人이다. 훗날 많은 사람들이 복직이 되었지만 그는 끝내 복직이 되지 못했다. 그의 그런 전력前歷을 알고 있는 우리 일간지 문학담당 기자들은 알게 모르게 그의 활동을 도와 주려고 적잖게 노력했고, 그 역시 우리 기자들을 적당히 거느릴 줄 아는 요령을 기자 출신답게 유감 없이 발휘했다. 이른바 작가 고문광高汶光 사건이 터지기 전까지는 말이다.

고문광은 쉽게 말해 기인奇人에 속한다. 나이 서른을 겨우 넘긴 처지이지만 수염과 머리를 길러 늙은 도인道人처럼 행세했다. 그는 문예정신사에서 그의 장편소설 〈사주보감四柱寶鑑〉이 출간되면서 문단 안팎에 처음으로 이름이 알려졌다. 그는 세수도 이발도 하지 않았고, 손도 씻지 않았으며, 이도 닦지 않았다. 그러면서도 그는 어디를 가나 항상 아름다운 여인을 대동했다. 주간지나 잡지에서도 그의 괴벽怪癖이 소개되는가 싶더니 드디어는 텔레비전 화면에도 그의 더럽고 지저분한 얼굴이 심심찮게 등장했다. 드디어 그의 장편소설 〈사주보감〉이 베스트셀러 목록에 올랐다. 문예정신사에서는 때맞추어 대대적인 광고 공세를 전개하여 그의 주가를 더욱 드높였다.

　모 주간지에서 처음으로 그의 괴상한 행각에 이의를 제기하고 나섰다. 그의 괴벽이 사실은 위장된 연출演出이라고 그 주간지는 폭로했다. 그 예로서 〈사주보감〉이 출간되기 전의 고문광이 얼마나 깔끔하고 정상적인 생활인이었는가를 여러 장의 사진으로 증명했다. 그는 자신의 주장대로 태백산에서 오랫동안 수도생활로 일관한 게 아니라 모 메리야쓰 공장 총무부에서 근무하다가 물러난 월급쟁이 출신이었다. 여기다가 〈사주보감〉의 주독자가 문예정신사 직원들이라는 이상한 소문도 함께 퍼지기 시작했다. 말하자면 베스트셀러로 조작하기 위해 문예정신사 직원들이 대형 서점마다 찾아다니면서 〈사주보감〉을 암암리에 사들였다는 소문이 그것이다. 사태가 이렇게 되자 서태욱이 나섰다. 그는 우리 기자들 앞에서 자신의 결백과 억울함을 호소하면서 사실 여부에 상관 없이 사회적 물의를 일으킨 〈사주보감〉의 중판重版을 중단하겠다고 발표했다. 가까스로 사태가 진정되기는 했지만 그로 인해 그동안 문예정신사에서 출간된 베스트셀러 전부가 불신不信의 나락으로 전락하는 치명적인 수모를 겪지 않으면 안 되었다.

　"제가 선배님 입장이었다면 이번호 문학과비평의 배포配布를 일시 유보하는 조치를 취했을 것입니다."

　그는 눈살을 찌푸렸다.

"나도 그 점을 생각하지 못했던 것은 아니야. 하지만 그건 내 권한 밖의 일이지. 아다시피 나는 이 출판사에서 힘들여 일해 주고 월급 받아 먹는 일개 고용인에 지나지 않아. 막대한 제작비를 들여 만든 책을 내 멋대로 처분할 수는 없는 일 아닌가."

그러나 문예정신사에서 서태욱은 단순한 고용인이 아니었다. 문예정신사 사장 서태익徐泰翊이 그의 친형이었다. 그는 모 아동물 출판사의 영업국장 출신으로 편집권 일체를 아우 서태욱에게 일임하고 있었다. 그가 마음만 먹는다면 문학과비평의 배포 유예는 물론 경우에 따라 파기破棄도 가능한 일이었다.

"포항 지방의 젊은 문인들이 내는 〈동해문학〉이라는 동인지를 보신 적이 있습니까?"

"있지."

"거기에 실린 채원종씨의 권두언이 재미 있더군요."

"동감이야."

반응이 의외로 너무 담담해서 신기할 정도였다. 그 때문에 악감惡感을 가진 게 아니냐고 물어 볼 수가 없었다.

"채원종씨의 창작집은 예정대로 나오게 되는 겁니까?"

"자네가 내 입장이라면 어떻게 하겠나?"

"표절 작가로 낙인이 찍혔으니 당연히 출판을 포기해야겠지요."

"생각해 보겠네."

신문사로 돌아갔을 때, 나는 데스크에게 불려갔다.

"지금 바빠?"

"아뇨."

"얼굴 잊어 먹겠어. 우리 가끔 얼굴 좀 마주 보면서 함께 먹고 살자구, 응? 오늘 점심은 누구랑 먹었어?"

요점은 마지막 대목일 것이 틀림없었다.

"문예정신사 서태욱 주간을 만났습니다."

"아, 그래?"

그는 한쪽 손을 들어 보였다. 그만 가 봐. 그러나 그게 아니었다.

"송기자."

"네, 부장님."

나는 도로 돌아섰다.

"서주간은 내가 올챙이 시절에 모셨던 대선배야. 알고 있지?"

"네."

"사실은 말이야. 내가 그동안 좀 소홀했어. 다음에 만나면 내가 언제 한번 조용히 모시겠다고 정중히 말씀 좀 전해 주겠어?"

"알겠습니다."

그는 아까처럼 다시 이마 위로 손을 살짝 들어 보였다. 서태욱과 통화를 했다고 그는 못박아 말하지는 않았다. 그러나 서태욱이 그에게 전화를 걸었을 가능성을 배제할 수 없었다.

나는 서둘러 모정문의 일본 전화번호를 수배했다. 이경후가 그의 전화번호를 알고 있었다.

"모시모시"

여자였다.

"여보세요. 여기는 서울입니다."

"아 예. 누구신가요?"

"대한신문 문화부 송병국 기자입니다. 모정문 선생님과 통화를 하고 싶은데 지금 거기 계십니까?"

"잠시만 기다려 주세요."

조금 있다가 모정문이 전화를 받았다.

의혹 159

"나 모정문이오."

"저는 대한신문 문화부 송병국 기자입니다. 기억하실는지 모르겠습니다만 이경후 군과 댁에서 한번 뵈온 적이 있습니다."

"아, 그래요."

자신 없는 어투였다. 그러나 나는 개의치 않았다.

"용건부터 말씀 드리겠습니다."

"그러시오."

"작가 채원종씨가 문학과비평 가을호에 〈가면놀이〉란 중편소설을 발표했습니다."

"그런데요?"

"선생님께서 지난해에 어문학회 학술지에 발표하신 〈두 얼굴〉을 표절한 작품으로 밝혀졌습니다."

모정문은 아무 대답도 하지 않았다. 그의 숨소리가 조금 높아지는 것을 나는 수화기를 통해 감지했다.

"듣고계십니까, 선생님?"

"듣고 있소."

"어떻게 생각하십니까?"

"〈가면놀이〉란 작품을 읽어 보기 전에는 내가 뭐라고 말할 계제가 아닌 것 같소."

그의 어투는 퉁명스러웠다.

"항공편으로 문학과비평을 급송急送해 드리겠습니다. 읽어 보신 다음에 소감을 말씀해 주시겠습니까?"

"그럴 필요 없소."

"아까도 말씀을 드렸습니다만 표절 여부가 너무 명백합니다, 선생님. 문학평론가 서태욱씨가 증언해 주었습니다."

"채 군은 뭐라고 하던가요?"

"우연의 일치라고 잡아떼었습니다."

나는 일단 거짓말로 응수했다.

"채 군이 그렇다면 그런 줄 알고 그냥 넘어갈 일 아니겠소?"

"예?"

"본인이 아니라는데 더 이상 무엇을 말하겠소."

나는 제자를 신뢰하는 모정문의 인품에 적이 감탄했다. 상대적으로 그런 스승을 배신한 채원종이 더욱 얄밉게 여겨진 것은 말할 것도 없었다. 이제 더 이상 주저할 까닭이 없다고 나는 판단했다.

나는 채원종의 부인에게 전화를 걸어 말했다.

"문학과비평에 실린 〈가면놀이〉가 표절이라는 제보가 들어왔습니다. 이 때문에 어제부터 내내 통화를 시도했지만 채 선생님과 연결이 되지 못했습니다. 지금이라도 나하고 통화할 수 있도록 부인께서 주선해 주시면 고맙겠습니다."

기사가 나가기 전에 그가 진술할 수 있는 마지막 기회였다. 말하자면 최후의 통첩이라고나 해야 할까. 그러나 기사 마감 시간까지 채원종은 아무 연락이 없었다. 나는 데스크로 기사를 넘기고 퇴근했다.

귀가해서 저녁을 먹고 텔레비전 뉴스를 시청하고 있는데 나를 찾는 전화가 걸려 왔다. 아내가 건네주는 수화기를 받아 보니 상대는 채원종이었다.

"지금 오백사동 앞 공중전화부스에서 전화를 걸고 있습니다."

504동은 내가 살고 있는 아파트의 앞동이다.

"그럼 지금 우리 집 부근에 와 계신다는 말씀입니까?"

"네."

"제가 곧 내려가겠습니다."

외출복으로 갈아 입고 밖으로 나가 보니 내가 예상했던 대로 그는 좀 취한 상태였다. 그는 공중전화부스 부근의 나무의자에 꾸부정한 자세로 앉아 있었다. 인사불성은 아닌 듯해서 그나마 다행이었다.

나는 그를 데리고 아파트단지 안에 있는 상가의 술집으로 갔다. 치킨 위주의 생맥주집이었다.

"채 선생님 요즘 연애하시죠?"

그는 어리둥절한 표정을 지어 보였다.

"무슨 말씀입니까?"

"다 아는 수가 있습니다. 솔직히 고백해 보세요."

"이 나이에 연애는 무슨 연애."

그는 애써 웃었다.

"그럼 그 여자와는 어떤 관계인가요?"

시종 내 눈길을 피하고 있던 그가 비로소 고개를 들고 정면으로 나를 바라보았다.

"그 여자라니요?"

"마글론이란 여자 말입니다."

그는 다시 피식 웃어 보였다.

"예전에 내가 사랑했던 여자를 마글론이란 별칭으로 부른 적이 있지요. 그 여자는 나를 피에르라고 불렀구요. 우리말로는 견우와 직녀를 뜻합니다. 우리는 서로를 무척 사랑했습니다."

이게 아닌데 싶었지만 나는 그의 이야기를 가로막을 수가 없었다. 그가 너무나 진지한 어조로 이야기를 계속했던 것이다.

"그 여자와 나는 고등학교 이학년 때 처음 만났습니다. 그로부터

구 년 이 개월을 사귀었습니다. 그런데 그렇게 오랜 동안 사귀고도 우리는 결혼을 하지 못했습니다."

"왜요?"

"그 여자가 나보다 서너 달 먼저 결혼을 했습니다. 화가 나서 나도 다른 여자와 결혼을 했지요. 그로부터 육 년이 지난 어느날 우리는 우연히 다시 만났습니다. 우리는 여전히 서로를 깊이 사랑하고 있다는 사실을 알았습니다. 하지만 그 여자는 슬하에 형제를 둔 가정주부였고, 나는 남매를 가진 가장이 되어 있었습니다."

"그래서 어떻게 되었습니까?"

"나는 내가 미쳐 버리는 줄 알았습니다. 오로지 그 여자만을 생각하는 하루하루를 보내었으니까요. 아내와 함께 교회에 나가 기도를 하면서도 그 여자를 생각하는 한 사내의 부도덕을 상상해 보십시오. 아무 비전도 없이 예비된 파국을 향해 질주하는 사랑의 결과가 과연 어떨까요? 당사자들의 그 어떤 변명에도 상관 없이 궁극적으로는 손가락질과 따가운 비난이 기다릴 따름이지요."

어디선가 들어 본 적이 있는 이야기였다. 가만히 생각해 보니까 그의 소설 〈사람의 숲〉에 들어 있는 이야기였다.

"스님 한 분을 만났다. 그 스님한테 여쭈어 보았다. 스님, 그 여자와 나는 왜 결혼을 하지 못했을까요? 스님이 대답했다. 두 사람은 전생前生에서 아마 아들과 어머니였을 것이오. 이상한 일이었다. 그 말을 듣는 순간 나는 가슴에 맺힌 한恨의 올가미에서 풀려나는 듯한 구원의 빛을 보았다. 대충 이런 식으로 결말이 나지 않았던가요?"

"읽어 보셨군요."

"그럼 〈사람의 숲〉이 일종의 사소설私小說이었던가요?"

"그렇지는 않습니다. 하지만 많은 부분이 내가 겪었던 경험담인

의혹 163

것만은 사실입니다."

그의 소설 〈사람의 숲〉을 처음 발행한 출판사는 장음사長音社였다. 그런데 초판 2천 부를 찍는 것으로 사장死藏되는 비운을 맞고 말았다. 나중에 모정문의 소개로 서태욱이 그것을 문예정신사에서 재출판했다. 그는 〈사람의 숲〉을 재출간하면서 계간문예지 문학과비평에다 '이 작품을 재평가한다'는 타이틀로 작품론을 실었다. 내가 사회부에서 문화부로 자리를 옮겨 앉은 것도 그 무렵이었다. 나는 전공이 국문학이었고, 학생 시절에는 분명 작가 지망생이었다. 그렇지만 나는 대학을 졸업하고 신문사에 취직이 되어서는 오랜 동안 사회부 기자로 활동했다. 문화부로 떨어진 것은 순환근무제의 일환이었다. 덕분에 나는 대한신문 선배 기자였던 서태욱을 만났고, 그의 조언을 받아 〈사람의 숲〉을 대서특필했다. 채원종을 만난 것도 그 때가 처음이었다. 그는 나보다 일곱 살 위였다. 운이 따랐다고나 해야 할는지 모르겠다. 〈사람의 숲〉은 재출간 육 개월만에 무려 이십만 부를 돌파하는 베스트셀러로 군림했다. 대중적인 인기를 얻으면 문학적인 평가에서 소홀해지고, 문학적으로 높은 평가를 받으면 대중적인 인기에서 멀어진다는 우리 문단의 통설을 뒤엎고 〈사람의 숲〉은 보기 드물게 문학적인 평가와 대중적인 인기를 동시에 획득했다. 내가 보기에도 그만한 대접을 받아 마땅한 수작秀作이었다.

"〈사람의 숲〉은 요즘도 잘 나가지요?"

"베스트셀러 목록에서 빠진 지 오래됐습니다."

그가 어딘지 모르게 흔들리고 있다는 사실을 나는 언뜻 감지했다. 뭐라고 표현해야 할까. 오랫동안 정상에서 인기를 누려 온 가수가 다음 히트곡을 내지 못해 안달하는 것과 흡사한 그런 초조한 눈빛이었다.

"동인지 〈동해문학〉을 보았습니다."

"바쁜 사람이 뭐 그런 시시한 걸 다 읽어 보십니까."

"시시하게 보았다가 한방 얻어 맞았지요. 신문 기사에 대한 불만이 적지 않다는 것도 알았습니다."

그는 조용히 웃어 넘겼다.

"채 선생님 스스로도 피력하셨더군요. 시인·작가가 같은 자리에 함께 있더라도 말이 비평가나 문학상 심사위원에 미치게 되면 입을 가리고 손짓을 하면서, 이로 인해 다만 손해를 입을 따름이라고 말입니다. 허구 많은 사람들 중에서 채 선생님이 굳이 총대를 메고 나선 연유를 모르겠습니다."

"포항 후배들이 모처럼 동인지를 내게 되었다면서 내게 원고를 청탁해 왔더군요. 우리 문단의 병폐를 지적하고, 개선 방향을 논의해 주면 좋겠다는 주문이었습니다. 시골에서 나오는 동인지라 별 부담 없이 가벼운 마음으로 써본 글이 그렇게 되었습니다."

"알고 계십니까? 서태욱 선배님께서 특히 서운해 하시더군요."

슬쩍 떠보았으나 채원종은 아무 표정의 변화가 없었다. 시계를 보니 어느덧 열한시를 넘어서고 있었다. 가게 주인이 문 닫을 준비를 하고 있었다. 나는 더 이상 딴전을 피우지 않기로 마음먹었다.

"여기까지 나를 찾아오신 데는 무슨 목적이 있었을 게 아닙니까. 〈가면놀이〉가 표절이 아니라는 변명을 하고 싶으신 거지요?"

그는 어조를 조금 가다듬었다.

"송기자."

"네."

"나는 데뷔 십년이 넘도록 누구 하나 알아 주는 이가 없는, 외롭고 고달픈 무명 작가였습니다."

"그런데요?"

"〈사람의 숲〉 덕분에 겨우 문명文名을 조금 얻었는데, 이제 표절 작가로 낙인이 찍힌다면 그 결과가 어떻게 되겠습니까."

"그래서요?"

"내 말을 믿어 주십시오. 표절은 아닙니다."

예상 그대로였다. 나는 침이라도 뱉어 주고 싶은 충동을 가까스로 참았다.

"늦었습니다."

"기사를 기어이 넘기셨군요?"

"내일 아침 신문을 찾아보십시오."

"지금이라도 그 기사를 삭제시킬 수 있으면 좋겠는데, 미안하지만 어떻게 좀 안될까요?"

가슴으로 차갑게 밀려드는 아득한 절망감에 나는 순간적으로 치를 떨었다. 가만히 생각해 보니 그것은 분노가 아니라 비애였다.

"그만 가 보시죠."

마침 가게 주인이 그만 문을 닫아야겠다면서 술값 계산을 요구했다. 내가 술값을 치르는 동안 그는 먼저 문을 열고 밖으로 나갔다. 내가 밖에 나가 보니 그의 모습은 어디에서도 보이지 않았다. 상가 모퉁이를 돌아가려는데, 벽에다 한쪽 손을 짚고 꾸부정하게 서 있는 사람이 있었다. 그가 채원종이었다. 그는 손가락을 목구멍에 집어넣고 우웩우웩 토하고 있었다. 그는 사이사이에 누군가에게 욕설을 퍼붓고 있었다. 처음에는 무슨 말인지 알아듣지 못했으나 가만히 종합해 보니 이런 말이었다.

"더럽다. 치사해."

그의 그런 뒷모습을 훔쳐보면서 희안하게도 나는 그가 감내하기

어려운 회오悔悟나 고통에 몸부림을 치고 있다는 생각이 전혀 들지 않아 스스로에게 당혹스럽기 짝이 없었다. 그 이유를 나는 후에 알았다. 그러니까 그로부터 두 달쯤 지난 어느 날이었다. 나는 문예정신사에서 보내온 초대장을 살펴보다가 너무 놀라서 한동안 벌어진 입을 다물지 못했다. 채원종이 제8회 문예정신문학상 수상자로 결정되었다는 소식이었다. 수상 작품은 그의 창작집 〈가면놀이〉였고, 심사위원은 서태욱과 모정문 두 사람이었다.

그동안 나는 문예정신사 쪽으로는 의도적으로 발길을 끊고 지냈다. 문화부에서 생활과학부로 자리를 옮겨앉은 탓도 없지 않았다. 내가 자리를 옮겨 앉은 뒤에 서태욱 쪽에서 만나자는 연락이 두어 번 왔으나 나는 정중히 거절하는 것으로 나의 불편한 심기를 표출했다.

내가 놀랍게 생각한 것은 채원종의 창작집 〈가면놀이〉가 출간 한 달만에 베스트셀러 상위권에 진입했다는 그 사실이다. 장기 베스트셀러였던 〈사람의 숲〉 덕분이라고 보는 견해도 있었고, 출간 직전에 빚어진 표절 시비가 독자들의 호기심에 불을 질렀다고 분석하는 사람도 있었다. 만약 그것이 사실이라면 내가 쓴 기사가 나간 지 일주일만에 〈가면놀이〉를 표제작으로 삼은 채원종의 창작집을 전격 출판한 서태욱의 계산은 어쨌든 적중한 셈이었다. 그 점에 대하여 이경후는 내 앞에서 이렇게 분통을 터뜨린 적이 있었다.

"내가 해설을 써 넘길 때만 해도 〈가면놀이〉는 들어 있지 않았어. 그런데 하필이면 〈가면놀이〉를 표제작으로 내세운 까닭이 뭐겠어. 이건 처음부터 서태욱이 의도적으로 꾸민 치사하고 졸렬한 연극이자 음모였다구. 너나 나나 그 자의 장단에 놀아난 꼭두각시였단 말이야."

시상식은 사흘 뒤에 거행되었다. 그 날 나는 만사 제쳐놓고 일부러 그 시상식에 참석했다. 축하하기 위해서는 결코 아니었다. 내가 예상했던 것보다 많은 문인들이 참석해서 그야말로 입추의 여지 없이 성황을 이루고 있었다. 문학과비평이 차지하는 위력을 다시 보는 듯해서 나는 약간 착잡했다. 채원종은 나를 보자 다소 당황하는 빛이 역력했지만 서태욱은 전혀 그렇지 않았다. 그가 내 손을 너무 세게 잡고 흔드는 바람에 나는 삐져나오는 비명을 가까스로 눌러 참아야 했다.

채원종은 수상 소감을 너무 싱겁다 싶을 정도로 간단히 끝냈다. 그러나 모정문의 축사祝辭는 꽤나 장황했다. 그는 수상자 채원종과의 개인적인 친분 관계에서 수상작에 대한 작품 평가에 이르기까지 비교적 세세히 설명하고 마지막으로 이렇게 덧붙였다.

"전에 보도된 적이 있어 많은 사람들이 익히 알고 있는 줄로 압니다. 이번의 수상작 〈가면놀이〉가 내 작품 〈두 얼굴〉의 표절이라고 지적한 기자가 있었지요. 그 기자의 지적은 지당합니다. 내가 보기에도 두 작품의 줄거리가 너무 유사합니다. 허나 사실은 그렇지 않습니다. 아직도 혹 오해의 소지가 남아 있지 않을까 싶어 이 자리에서 다시 한번 분명히 밝혀 두거니와 표절은 절대 아닙니다. 아까도 말씀을 드렸습니다만 작가 채원종씨는 남의 작품이나 표절하는 그런 부도덕한 작가가 아니라는 점을 첫번째 이유로 들 수 있습니다. 채원종씨는 정직한 작가입니다. 그러면 어째서 표절이라는 치명적인 의혹을 사게 되었는가? 거기에는 그만한 이유랄까, 내력이 숨어 있습니다. 그 원인 제공자는 문학과비평의 서태욱 주간입니다. 아마 서너 해 전이라고 생각합니다. 서 주간하고 나하고 채원종씨 하고 셋이서 술자리를 마련한 적이 있었지요. 그 자리에서 서 주간이 하 아무개에 대해 이야기를 아주 소상히 한 적이 있습니다. 그러니까 나의 〈두 얼굴〉이나 채원종씨의 〈가면놀이〉는 바로 그 하 아무개를 모델로 씌어진 일종의 실명소설이랄까요. 그 하 아무개라는 사람이 사회적으로 대단한 명성을 떨치고 있던 지도급 인사였는데, 이면에 그런저런 이중성과 스캔들을 갖고 있다는 숨은 이야기를 서주간이 우리 두 사람한테 들려 주면서 좋은 소설감이라고 추천을 했지요. 작가인 우리 두 사람에게는 매우 충격적인 이야기였습니다. 결국 그 충격이 모티브가 되어 〈가면놀이〉와 〈두 얼굴〉이 태어난 거지요. 사람에 따라서는 같은 이야기라도 전혀 다른 형태의 작품을 쓰게도 되지만, 우리 두 사람처럼 유사한 형태로도 빚어진다는 것을 구태여 이상한 눈길로 노려볼 필요는 없다고 생각합니다."

그의 이야기를 여기다 더 이상은 옮기고 싶지 않다. 그리고 모정문이 거짓말을 하고 있다고도 생각하지 않는다. 그러나 나는 여전히 내 의식의 한쪽 끝에 엉겨붙는 의혹을 떨쳐 버릴 수 없었다. 서태욱이 〈가면놀이〉를 표절로 몰아붙인 이유 말이다. 내 친구 이경후가 애초에도 그랬고 나중에도 지적했듯이 표절 문제는 과연 서태욱의 계산된 음모이자 계략이었을까. 그렇다면 그는 덕망과 지조를 자랑하는 선비이기 전에 치부를 위해서는 수단과 방법을 가리지 않는 한갓 탐욕스런 도박꾼이란 말인가. 그래, 그는 그렇다고 치자. 돈벌러 나선 장사꾼이니까. 하지만 채원종은 어떤가. 자칫하면 작가 생명이 그것으로 끝나 버릴 수도 있는 자해自害를 감수하면서까지 그가 도박판의 훈수꾼으로 야합한 점을 나는 도저히 이해할 수 없었다. 어쩌면 두 얼굴의 가면놀이를 기획하고 즐긴 사람은 서태욱이가 아니라 채원종 바로 그 자신이었는지도 모른다는 새로운 의혹이 내 머리를 스치고 지나갔다.

문학특강 — 나의 문학 나의 인생

시골 초동에서 서울 문단까지

1. 이야기책과 아버지

■이야기책과 뒤마의 〈삼총사〉

나는 초등학교 소년 시절을 시골에서 보냈습니다. 6·25전쟁 직후였는데, 밤이면 호롱불을 켜야 하는 벽촌이었습니다.

지금도 참 신비롭게 여기지만, 우리 아버지가 좀 유별난 사람입니다. 아버지는 7남매 중 막내로 태어났습니다. 내가 알기로 소학교를 2년인가 다니고, 서당에 조금 다닌 것이 학력의 전부입니다. 그럼에도 아버지는 우리 마을은 물론이고, 근동에서 손꼽히는 유지로 통했습니다.

그 무렵의 시골에는 문맹자가 태반이었습니다. 입대한 아들이 편지를 보내 와도 읽을 줄 아는 사람이 드물었습니다. 아버지는 그 편지를 대신 읽어 주었고, 또 답장을 대필해 주기도 했습니다. 그 대가로 아버지는 종종 내성 장에 나가서 술대접을 받았습니다. 술이 좀 거나해진 날이면 아버지는 여지없이 조상 자랑을 늘어놓았습니다. 요즘 방영되는 KBS 주말 드라마 아시지요? 아버지는 삼봉 정도전鄭道傳의 후손이라는 자긍심이 아주 대단한 분입니다. 족보를 보물단지로 여기시고, 문중 시제에는 만사 제쳐놓고 참석했습니다.

그 아버지가 긴긴 겨울밤이면 사랑방으로 마을 사람들을 모아놓고 이야기책을 읽어 주었습니다. 이야기책을 읽어 주는 사람을 전기수라고 하는데, 아버지는 물론 전문 전기수가 아닙니다. 그럼에도 내가 보기에는 이야기책을 아주 재미있게 읽어 주는 목청을 가진 사람입니다. 아버지가 읽어 주는 이야기책은 주로 내성 장에 가서 사 오셨습니다. 지금도 기억나는 이야기책으로는 〈춘향전〉이나 〈심청전〉〈장화홍련전〉 같은 이야기책을 들 수 있습니다. 이야기가 좀 슬픈 대목에 이르게 되면 아버지는 아주 처량한 목청으로 책을 읽어 나갔고, 여자들은 소맷부리로 눈시울을 훔치면서 훌쩍훌쩍 울었습니다.

그런 모습을 지켜보노라면 어린 나도 가슴이 뛰면서 저절로 눈시울이 더워졌습니다. 그러면서 세상에는 가슴을 뛰게도 하고 눈시울을 붉어지게도 하는 이야기라는 것이 존재한다는 사실을 어렴풋이나마 인지했습니다. 바로 그 무렵에 마을 사랑방에서 색다른 책 한 권을 발견했습니다. 아버지가 내성 장에 가서 사 오는 이야기책과는 전혀 다른 책이었습니다. 글자 모양도 그랬고, 지질紙質도 현저하게 다른 책이었습니다. 마을 청년들이 잎담배를 말아 피우는 바람에 앞부분과 뒷부분의 책장이 여남은 장씩 뜯겨져 나간 책이었습니다. 그 책을 집어들고 뒤적거리다가 한 페이지 두 페이지 읽기 시작했는데, 그만 밤을 꼬박 새우고 말았습니다. 내가 세상에 태어나서 읽어 본 책 중에서 가장 재미있는 이야기책이었습니다. 그 책이 프랑스 작가 알렉산더 뒤마가 쓴 〈삼총사〉라는 사실을 알게 된 것은 그로부터 수년이 흘러 중학교에 진학한 다음이었습니다.

■글재주로 세상 사람 속이지 마라

내가 초등학교를 졸업하고 나서 일 년 뒤에 우리 집은 강원도 황지로 이사를 했습니다. 요즘은 태백시로 더 잘 알려져 있습니다. 아버지가 황지에 있는 대성탄좌 소장으로 취직이 되었습니다.

지금은 전혀 그렇지 않습니다만, 당시만 해도 태백시는 온 사방이 석탄 가루로 까맣게 뒤덮인 탄광촌이었습니다. 산도 까맣고, 지붕도 까맣고, 길거리도 까맣고, 심지어는 흐르는 물도 까만 검정물이었습니다. 거리를 오가는 사람들도 대부분이 새카만 얼굴이었습니다.

황지에서 시오 리 길인 장성 소재 태백중학교에 입학했습니다. 주로 버스로 통학을 했습니다. 어떤 때는 자전거 통학도 했고, 또 한동안은 학교 부근에 하숙도 하면서 중학교 3년 과정을 마쳤습니다.

〈학원〉이란 학생 잡지를 접하게 된 것은 이 중학생 시절이었습니다. 2학년 때로 기억합니다. 시를 써서 〈학원〉에 보냈는데, 두어 달 뒤에, 작품은 실리지 않고, 가작 난에 '태백중학교 2학년 정종명'이라고 소개되어 있었습니다. 내 이름이 유명 잡지에 실리는 최초의 경험이었습니다. 그 덕분에 나는 '한국의 셰익스피어'라는 별명을 얻는 영광을 누렸습니다.

내가 중학교에 다닐 때만 해도 태백시 인근에는 태백공고밖에 없었습니다. 그 학교를 졸업하면 대부분의 학생들은 광업소에 취직이 되어 막장에 들어가 탄을 캐는 일에 종사했습니다. 아버지는 아들이 그런 광업소에 들어가 채탄부로 종사하는 것을 내키지 않아 하셨습니다. 명색이 삼봉 정도전의 후손이 탄 캐는 일에 평생을 바칠 수는 없다고 판단하셨는지도 모르겠습니다. 하여간 그래서 진학한 학교가 강릉고등학교였습니다.

  아무 연고도 없는 강릉으로 유학을 떠나게 되었는데, 이것이 내가 소설가로 성장하는 결정적인 배경이 되었습니다. 그 학교에 시인 원영동 선생님이 국어 교사로 재직하셨습니다. 세상에 태어나서 내가 최초로 만난 시인이었습니다. 나는 그 선생님의 눈에 띄어 문예반에 들어갔고, 〈학원〉에 투고해서 시나 소설이 실리기도 했고, 각종 문예콩쿨대회에 출품해서 입상도 했습니다. 나는 영어나 수학 공부에 집중하지 못하고, 엉뚱하게도 〈현대문학〉이나 세계명작을 탐독하는 문학병에 멍들고 말았습니다.

  대학 진학을 앞두고 아버지와 나는 의견이 엇갈렸습니다. 아버지는 내가 그 당시 인기가 좋았던 한양공대를 나와 큰 기업체에 기술자로 취직을 해서 월급 많이 받는 회사원이 되기를 원했고, 나는 장차 시인이나 소설가가 되기 위해 문예창작학과에 진학하겠다고 고집을 부렸습니다.

  며칠을 두고 고민하던 아버지가 하루는 나를 불러 무릎 앞에 앉혀놓고 물었습니다. "저기 다리 밑에 가면 밥 얻어먹는 거지 봤제?" 내가 어린 시절에는 마을 어귀에 거지들이 떼를 지어 살았습니다. "네." 하고 대답하니까 아버지가 다시 물었습니다. "작가란 말이다. 그 거지들하고 밥도 같이 먹고, 잠도 같이 잘 수 있어야 하는 사람인데, 너 그렇게 할 수 있겠느냐?" "그렇게 할 수 있습니다." 하고 대답했더니, "그러면 너 하고 싶은 대로 해라." 겨우 승낙을 받아 내가 원하는 대학에 입학할 수 있었습니다. 그로부터 10여 년이 지나서 나는 소망하던 소설가가 되었습니다.

아버지는 시쳇말로 '아들 바보' 입니다. 아들 바보가 어떤 사람인지 여러분 아시지요? 아버지는 "내 아들 정 아무개가 소설가다." 그런 식으로 '아들 자랑' 이 너무 심했습니다. 언필칭 팔불출이랄까요. 당신 생각에는 흠모해 마지않는 '삼봉 정도전' 의 후손이 소설가가 되었으니 더더욱 자랑스러웠는지도 모르겠습니다. 하지만 당하는 저로서는 민망하고 낯간지러울 때가 한두 번이 아니었습니다.

그렇지만 내가 소설가가 되고 나서 아버지께서 내리신 엄명을 저로서는 잊을 수가 없습니다. "조선 시대 역사를 보면 글 잘 짓는 문장가들이 주로 높은 벼슬을 했다. 그런데 개중에는 아주 사악한 글로 임금과 백성을 속이고 사화士禍를 일으킨 문장가가 한둘이 아니더라. 뭐니뭐니해도 문장가는 정직해야 한다. 하찮은 글재주로 세상 사람을 속이는 다라운 짓은 하지 마라."

대학 진학 당시 아버지께서 왜 하필이면 거지 이야기를 내게 해 주셨는지 한 번도 여쭤 보지 않았습니다. 그러나 글을 쓸 때마다 나는, '거지는 이 사회로부터 소외당한 사람이다. 작가는 그 소외된 사람들에게 사랑과 희망의 빛을 불어넣어야 하는 사람' 이라고 생각했습니다. 그리고 하찮은 글재주로 세상 사람을 속이는 '다라운 짓' 은 하지 말라던 당부의 말씀도 저는 늘 명심했습니다.

2. 내 작품의 뒤안길

■등단 직후 작가동인 참여

나는 1978년 10월에 〈월간문학〉 신인작품상에 '사자의 춤'이라는 단편소설이 당선되어 등단했습니다. 그 무렵은 요즘과 달라서 거리에 서점이 참 많았습니다. 걷거나 버스를 타고 서점 앞을 지나갈 때는 가슴이 설레었습니다. 서점 진열대에 내 작품이 실린 〈월간문학〉이 놓여 있을 것이고, 많은 독자와 문예지 편집자가 그 작품을 읽을 것이고, 그렇게 되면 독자는 내게 잘 읽었다는 감동적인 편지를 보낼 것이고, 문예지 편집자는 나한테 원고청탁서를 보낼 것이라는 환상에 빠져 있었습니다. 환상에 빠진 그 한 달 내내 나는 말할 수 없이 달콤한 행복감에 젖어 있었습니다.

그런데 그 달콤한 행복감은 오래잖아 쓰디쓴 좌절감으로 변해 버렸습니다. 내게 편지를 보내오는 독자도 없었고, 원고청탁서도 물론 없었습니다. 한 달이 지나고 육 개월이 지나고 일 년이 지나도 기다리는 원고청탁서는 오지 않았습니다. 나는 비로소 냉엄한 문단 현실을 뼈저리게 실감했습니다.

원고청탁서 한 장 못 받는 작가, 작품을 열심히 써 보았자 발표할 지면도 없는 작가, 의기소침해질 수밖에 없었습니다. 그런데 뜻밖의 행운이 찾아왔습니다. 사람은 누구를 만나느냐에 따라 삶의 무늬가 달라집니다.

등단하고 나서 2년인가 지났을 때였습니다. 나는 좋은 친구들을 만났습니다. 이문열, 이외수, 윤후명, 김채원, 손영목, 서동훈, 김원우, 유익서, 유홍종, 표성흠 등 쟁쟁한 신인작가들을 만나 '작가동인'을 결성했고, 1980년에 도서출판 민음사에서 〈작가동인〉 1집을 내었습니다. 〈작가동인〉 4집을 내기까지 강석경, 김상렬, 김인배, 정소성, 최학, 황충상 등도 이 모임에 참여했습니다. 지금은 다 대가급으로 성장한 중견작가들이라 만나기도 어려운 처지가 되었습니다만, 이들과 어울려 지낸 덕분에 나도 덩달아 '좀 쓰는 젊은 작가'로 분에 넘치는 평가를 받았습니다.

■ 내 작품의 키 워드

나는 널리 알려진 인기작가가 아닙니다. 내 작품을 읽고 내용을 기억해 주는 독자가 많지 않다는 뜻입니다. 나의 어떤 작품을 재미있게 읽었다는 고마운 독자를 만나기보다는 "무슨 작품을 쓰셨지요?" "제목이 뭐지요?" 하는 질문을 자주 받게 되는 배경도 거기에 있습니다.

나는 과연 무슨 작품을 쓴 작가인가? 이런 생각이 들거나 질문을 받을 때마다 머리가 복잡해집니다. 나는 등단작인 〈사자의 춤〉을 비롯하여 단편소설 〈이명〉, 중편소설 〈숨은 사랑〉, 장편소설 〈거인〉을 예로 들면서 내 작품세계를 살펴보는 키 워드로 삼고 있습니다.

▶ 등단작 〈사자의 춤〉

나의 등단작은 앞에서 설명 드린 것처럼 『사자의 춤』입니다. '처남이 죽었다.' 하고 시작되는 이 작품의 서두를 놓고 나는 한동안 고민했습니다. '오늘 어머니가 죽었다.'로 시작되는 까뮈의 『이방인』을 모방했다는 오해를 살 우려가 없지 않았기 때문입니다. 내 작품 『사자의 춤』도 까뮈의 『이방인』처럼 일인칭 소설이고, 실제로 그 무렵 까뮈는 나의 우상이었습니다.

그러나 『사자의 춤』과 『이방인』은 분위기가 전혀 다른 내용일 뿐만 아니라 주제도 물론 다릅니다. 나는 서두를 여러 번 고쳐 쓰다가 결국은 '처남이 죽었다.'는 첫 줄을 지워내지 못하고 말았습니다. 그 첫 줄을 삭제하면 도입부가 어쩐지 엉성할 것 같은 느낌이 자꾸 들었기 때문입니다.

이 작품에 대해 어느 자리에서 문학평론가 권영민 씨는 이렇게 진단한 적이 있습니다. 내가 내 작품을 놓고 이러쿵저러쿵 군소리를 늘어놓는 쑥스러움을 모면해 볼 방편으로 여기에 인용해 보겠습니다.

『사자의 춤』은 인간관계의 특이한 양상을 추적하고 있는 작품이다. 이 작품의 주인공은 집을 뛰쳐나가 버린 아내 때문에 여러 가지 고통을 당한다. 그런데 처남이 죽었다는 소식을 듣고 처가집에 찾아가게 된다. 처남의 장례식에 아내가 다른 사내와 함께 나타난다. 병을 얻어 세상을 일찍 떠난 처남을 위해 집안에서 벌이는 무당굿에서 주인공은 신장대를 잡는다. 소설의 끝 장면은 신장대를 잡고 있던 주인공에게 혼백이 내려 예기치 못했던 소동이 벌어지고, 결국은 아내와 함께 나타난 사내에게 주인공이 구타를 당하는 것으로 되어 있다. 주인공과 아내의 인간관계가 완전히 깨어지는 순간이 바로 그 장면이다. 소설 『사자의 춤』에서 주목되는 것은 우선 인간관계의 근본적인 요건이 되고 있는 신뢰와 사랑의 결여 상태를 문제삼고 있다는 점이다. 이러한 문제는 사회적인 병리현상의 하나라고 할 수 있는데, 작가 정종명은 자기 풍자의 방법으로 그런 현상에 접근하고 있다.

사람이 죽고 나서 무당을 불러 하는 굿을 진오귀굿이라고 합니다. 집가심이라고도 하는데, 무당이나 판수를 시켜, 악기惡氣를 깨끗이 물리치기 위해 굿을 합니다. 나는 직접 진오귀굿을 본 적이 없습니다. 처남이 마흔아홉 살에 죽었을 때, 그 장례식에 참석하고 뒤늦게 돌아온 아내가 "무당이 초상집에 와서 굿을 했어요."하고 다소 못마땅한 어조로 말했습니다. 그것이 이 작품의 모티프가 되었습니다. 처음 그 말을 듣는 순간, 머릿속을 스쳐가는 불빛 같은 것을 감지했습니다. 작품이 되겠구나 하는 느낌이 들었고, 실제 모델도 있고 해서, 비교적 빠른 속도로 작품을 쓸 수 있었습니다.

▶중편소설 〈숨은 사랑〉

「숨은 사랑」은 200자 원고지로 330장 정도 되는 중편소설입니다. 1989년 4월에 문예지 〈현대문학〉에 발표했습니다. 처음에는 〈시인은 죽어 별이 된다〉는 제목으로 작품을 써 나갔으나 탈고할 무렵에 〈숨은 사랑〉으로 바꾸었습니다. 문학평론가 이명재李明宰 씨가 요약한 내용을 여기에 옮겨 보겠습니다.

대학에서 정년퇴임한 노시인 가르시아는 뜻밖에 실권자로 섭정하고 있는 노리에이 장군의 사저인 비토리오성의 비서실장 아르세모의 전화를 받고 그곳에 초대된다. 노리에이 장군은 쿠데타로 집권하여 25년간 통치해 오다가 국민의 압력과 저항에 굴복하여 2년 전에 심복인 마웅사우를 대통령으로 내세우고 막후에서 실권을 행사하고 있는 위인. 그는 가르시아가 펴낸 시집을 즐겨 읽었고, 특히 지난 주에 그가 쓴 신문칼럼을 감명 깊게 읽었다고 고백한다. 그 날도 수도 사울로는 현재 위수령이 내려져 있는 부마사이와 카이주아 시의 학생 소요 못지않게 최루탄과 화염병이 난무했다. 이런 혼란기에 즈음하여 떼강도와 인신매매단이 판을 치고, 전국 도처의 공장에서는 노사분쟁이 발생한다.

가르시아는 여제자인 테레사 교수에게 들렀다가 밤이 늦어 귀가한다. 그 사이에 피플모닝지에 발표한 그의 신문칼럼과 노리에이 장군을 방문한 그를 항의하기 위해 제자들이 다녀가고, 이튿날 친위 쿠데타가 일어난다. 재야 인사들을 체포하기 위한 일종의 정치 사기극이었다. 이로 인해 카이주아시 일원에 시민까지 합세한 극렬 시위가 발생하는데, 여기에 가르시아 시인의 손자인 도이미나가 가담한다. 이에 아들을 찾아나선 모이구지 교수는 오히려 데모에 가담한 것으로 혐의를 받아 투옥된다. 가르시아는 아들과 손자를 구출하기 위해 카이주아 교도소를 방문하지만 갖은 수모만 당할 뿐이다.

이 와중에 며느리는 병원에서 유산을 한다. 가르시아가 그 며느리를 문병하고 집에 도착했을 때, 그를 기다리고 있는 사람은 경찰관이었다. 가르시아는 경찰서에 끌려가 거기에 나타난 아르세모로부터 국민을 위무할 수 있는 신문칼럼을 다시 쓸 것을 강요받는다. 거절하면 가르시아가 테레사와 맺은 불륜관계를 폭로해 버리겠다는 위협을 곁들인 강요였다. 평생에 처음 당하는 이 절박한 국면에 처한 가르시아는 스스로 혀를 깨물어 자살을 기도한다.

등장인물의 이름이나 지역명이 특이합니다. 여기에는 그만한 이유가 개재합니다. 군사 독재는 우리만의 경험이 아닙니다. 미얀마가 그러했고, 아르헨티나를 비롯한 남미지역이 특히 그러했습니다. 쿠데타로 정권을 장악한 독재자는 그 어디에서도 순순히 물러서지 않고 국민 위에 군림해 왔습니다. 우리의 지난 역사도 그러했고, 미얀마의 아웅산 수지 여사 역시 군사 독재자의 핍박에서 오랫동안 고생했습니다.

이 작품은 그러니까 우리의 지난 역사에 국한한 것이 아니고, 우리와 비슷한 형태의 정치현실을 가진 여러 나라의 모습을 보다 포괄적으로 그려 보고 싶은 욕심이 앞서 있었습니다. 지극히 남미南美적인 이름이나 지역명은 거기서 비롯되었지만, 지역명에 국한해서는 해설이 어렵지 않습니다. 사울로는 서울, 부마사이는 부산과 마산, 카이주아는 광주, 하이나강은 한강, 서이나미는 성남시를 의미하고 있습니다. 처음에는 등장인물의 이름도 이런 식의 비유성을 가미하는 것이 어떨까 생각해 보았지만, 그렇게 되면 너무 한국적인 정서에 머물고, 또 자칫하면 다친다(?)는 우려도 없지 않았습니다. 이 작품이 발표될 당시만 해도 으스스한 공포 분위기가 완전히 가신 것은 아니었습니다.

이 작품이 동인문학상 후보작으로 올랐을 때, 심사위원이었던 하근찬河瑾燦 선생님은 '이 소설은 어느 모로 보나 해학적인 작품은 아니다. 오히려 반대로 공포적인 요소를 밑바닥에 깔고 있다. 그럼에도 읽으면서 여러 번 웃음이 나온 것은 작품의 무대로 설정한 남국의 어느 가상 국가와 우리의 지나간 한 시대의 단면이 오버랩되는 데서 오는 해학성과, 고유명사들이 보여 주는 익살기 때문이다. 읽고 난 뒤에 강한 인상으로 남는 작품이다.' 라는 소감을 밝혔다.

1989년 1월 1일에 쓴 일기를 보면 '현재 130매 정도 나갔으나 정확한 매수를 예측할 수는 없다. 최소 200매는 넘을 것 같다. 적어도 지금까지는 마음에 드는 작품이다. 오랜만에 강한 의욕을 느껴 본다.' 고 기술되어 있습니다. 그러한 예감은 대충 맞아 떨어져서 발표 직후 여러 지면에서 화제작으로 다루어 주었고, 동인문학상 외에도 김유정문학상·현대문학상 등 각종 문학상 후보작으로 거론되었습니다.

■단편소설 〈이명〉과 장편소설 〈거인〉

단편소설 〈이명〉은 1983년 〈현대문학〉 8월호에 발표했습니다. 그 당시 신문마다 '월평' 난이 있었는데 여러 신문에서 우수작으로 다루어 주었습니다. 덕분에 내 이름이 좀 알려지는 계기가 되었습니다. 가진 자들의 횡포에 희생당하는 소외 인물을 그려 보고 싶었던 작품인데, 줄거리를 요약해 보면 다음과 같습니다.

▶ 단편소설 〈이명〉

하기석은 대학시절에 데모꾼으로 낙인이 찍혔고, 전 직장에서는 노동쟁의에 앞장섰다는 이유로 파면당한다. 취직자리를 알아보던 중 하기석은 고등학교 동기동창이며 유림산업 사장인 친구를 만나 그 회사의 평사원으로 입사한다.

그런데 그 회사 나름의 서열을 깨뜨리면서까지 사장은 하기석을 부장으로 승진시킨다. 이 인사발령의 후유증은 심각한 양상으로 불거진다. 부장으로 승진되어야 마땅한 서운배를 비롯해 대부분의 고참 사원들이 하기석의 벼락승진에 불만을 표시한다. 하기석은 술자리에서 이석진과 육탄전을 벌이고, 부서의 직원들은 집단 결근을 감행한다.

하기석은 이런 사태에 책임을 지겠다면서 사직서를 제출한다. 사장이 다시 불러 주기를 기다리지만 끝내 아무 연락이 없다. 이 모든 사태의 전말이 사실은 사장의 교묘한 연출이었다. 하기석이 안양공장 근로자들과 몰래 어울린다는 사실을 포착한 사장이 고도의 술수를 부려 그를 퇴직시킨 것이다. 제목의 〈이명〉耳鳴은 하기석이 느끼는 강박관념 혹은 피해심리를 암시하고 있다.

▶장편소설 〈거인〉

장편소설 〈거인〉은 1985년 5월호부터 이듬해 4월호까지 문예지 〈소설문학〉에 연재했던 작품입니다. 연재가 끝나고 이승훈 시인의 추천으로 도서출판 고려원에서 〈인간의 숲〉이란 제목으로 출간되었습니다. 〈거인〉이란 제목이 너무 무거워 팔릴 것 같지 않다는 출판사 측의 강력한 권유로 제목이 그렇게 바뀌었습니다. 그러나 MBC 미니시리즈 8부작으로 방영되었을 때는 도로 〈거인〉이란 제목으로 회복되기도 했습니다.

1987년 2월에 동아출판사에서 펴낸 '우리시대 우리작가' 문학전집 27권에도 수록되어 있는 이 작품에 대해 나는 다른 어떤 작품보다도 깊은 애착을 유지하고 있습니다. 기회가 주어진다면 전면 개작을 하고 싶을 정도입니다.

3. 준비하면 기회는 찾아온다

■영남일보 연재소설

IMF 직후였습니다. 다니던 직장에서 구조조정을 단행하는 바람에 실직을 당했습니다. 그 당시 거의 대부분의 신문은 연재소설을 없애 버렸고, 출판사는 개점휴업 상태에 들어갔습니다. 직장 없는 전업작가의 생활이 얼마나 어려웠겠나 하는 점은 짐작이 가실 줄로 압니다.

그런 상황에서도 나는 장편소설을 쓰기 시작했습니다. 어떤 면에서는 그것밖에 할 일이 따로 없었기도 했지만, 그러나 내심으로는 혹시 어디서 연재소설을 쓰라고 하면 당장 응할 수 있도록 미리 준비해 두어야 하지 않겠나 하는 생각이 들었던 게 사실입니다. 갈보리 교회 박조준 목사님께서 그런 설교를 자주 해주셨습니다. '준비하는 자에게는 기회가 온다' 고 말입니다.

그런데 실제로 그런 기적이 찾아왔습니다. 대구에서 발행되는 영남일보 문화부 기자가 전화를 걸어와 연재소설을 청탁했습니다. 고료는 얼마나 주느냐고 묻지도 않았습니다. 쓸 수 있다고 대답했더니 담당 기자의 말이, 날짜가 너무 촉박한데 그래도 괜찮겠느냐고 그래요. 내가 전화를 받은 것이 1999년 2월 18일 저녁 8시쯤이었는데, 3월 1일자부터 연재소설이 나가야 한다는 겁니다. 연재소설을 써 본 사람은 알겠지만, 이건 절차상 대단히 급박한 사태에 속합니다. 2월은 더구나 28일밖에 없지 않습니까. 삽화 그릴 화가와 만나 사진도 함께 찍어야 하고, '작가의 말' 도 써 보내야 하고, 그러면서 적어도 3, 4회 정도의 연재소설도 먼저 보내야 하는 다급한 상황이었습니다.

평소에 아무 준비가 없었다면 어떻게 되었을까요? 쓰고 싶은 마음이 아무리 간절했다 하더라도 아마 그 연재소설을 못 쓰지 않았을까요. 평소에 준비해 둔 것이 있었기 때문에 연재가 가능했습니다. IMF 시절에 월 300만원씩 받으면서 1년 동안 연재를 했으니, 그런 행운이 또 어디에 있겠습니까.

■ 대학 강단에 서서

또 이런 예도 있습니다. 대학 교수가 되기로 마음먹고 석사 학위를 거쳐 박사 학위를 마친 사람은 예외입니다. 하지만 젊어서부터 오로지 창작 생활을 쭉 해오다가 어느 날 갑자기 대학 강단에 서서 학생들을 가르치는 대학 교수가 된 문인들이 90년대 들어 하나 둘 생겨났습니다.

우리 문단에는 김동리, 서정주, 조연현 같은 분들이 학사 학위도 없이 대학교수로 재직했습니다. 그러나 일제강점기를 거친 그런 원로문인들은 예외에 속합니다. 한양대학교 국어국문학과에서 강의한 이청준 작가가 가장 먼저 박사 학위 없이 교수로 임용되는 특례를 받았던 사람으로 나는 알고 있습니다. 그 후에 이문열, 한수산, 윤흥길, 박범신, 이문구 제씨들이 차례로 교수 대열에 합류했습니다.

나는 그들의 그런 모습을 지켜보면서 하나의 꿈을 갖기 시작했습니다. 나는 물론 그들처럼 유명한 작가도 아니고, 그들처럼 좋은 작품을 세상에 보여 준 적도 없어 스스로 생각하기에도 면구스럽기 짝이 없었습니다. 무모한 도전이라고 손가락질을 받아 마땅했으니까요. 그러나 나도 기회만 주어진다면 누구 못지않게 학생들을 잘 가르치는 교수가 되고 싶다는 꿈에 사로잡혔지요. 그래서 만약 어느 날 어느 대학에서 나보고 "당신 우리 학교에 와서 학생들에게 소설 쓰는 방법 좀 가르쳐 주시오."하고 요청한다면 그 즉시 강의할 수 있도록 미리 준비해 두어야겠다고 마음먹었고, 실제로 강의 준비를 했습니다. 서점에 나가서 소설작법과 관련된 책들을 손에 잡히는 대로 샀습니다. 그리고 그 책들의 장단점을 세세히 파헤쳐 보았습니다. 그리고 강의안을 나름대로 차근차근 준비했습니다. 설령 대학 교수가 되지 못한다 하더라도 그런 강의 준비를 해두면 나중에 문화센터에 나가 강의할 수 있는 기회가 있을 것이고, 그 기회마저 오지 않는다면 책으로 펴낼 수도 있으니까 그리 허망한 작업은 아니라는 생각을 했습니다. 그런데 이게 어찌된 일입니까. 내게 그 꿈같은 일이 실제로 찾아왔습니다.

나를 대학 강단에 서게 한 사람은 경기대학교 국어국문학과의 이재인 교수였습니다. 원래 수필가로 출발한 사람이지만, 1980년대 중반에 〈악어새〉란 장편소설을 써서 베스트셀러 작가 반열에 올라 문명을 날리기도 했던 이 분이 어느 날 나한테 전화를 걸어, "요즘 어떻게 지내요? 우리 대학에 와서 강의 좀 해요." 그러는 거예요.

나는 2001년부터 2009년까지 9년 동안 경기대학교 문예창작학과에서 소설, 수필, 아동문학 등을 강의했고, 2005년부터 지금까지 숭실사이버대학교 한국어문화예술학과에서 소설작법을 강의하고 있습니다.

나다니엘 호돈이라는 작가가 있습니다. 미국 작가인데, 〈주홍글씨〉로 문명을 떨친 작가이지요. 이 사람이 쓴 〈위대한 돌 얼굴〉이라는 단편소설을 읽어 본 적이 있으리라고 생각합니다. 사람에 따라서는 〈큰 바위 얼굴〉이라고 번역하는 사람도 있습니다. 오랜 동안 마음속에 간절한 소망을 품고 있으면 그 소망이 마침내 이루어진다는 내용의 작품입니다.

4. 나의 문단정치 이야기

■국제PEN한국본부 부이사장에서

2004년 초가을 어느 날로 기억합니다. 박제천 시인이 집으로 전화를 걸어와 저녁에 술 한 잔 하자고 제의했습니다. 그 때 그와 나는 경기대학교 문예창작학과에서 대우교수로 함께 강의를 하는 비교적 친밀한 사이였습니다.

대학로에 있는 그의 사무실을 찾아갔더니, 문효치 시인이 함께 있었습니다. 나는 그 때 문효치 시인과 처음으로 인사를 주고받았습니다. 우리는 부근 음식점으로 자리를 옮겨 갔습니다. 나를 불러낸 박제천 시인이 그러더군요. "여기 문효치 시인이 이번에 국제PEN한국본부 이사장선거에 출마해. 정 형이 부이사장으로 동반(러닝메이트) 출마해 주면 좋겠어." 박제천 시인과 문효치 시인은 동국대학교 국문과 동문이면서 막역한 친구 사이입니다.

나로서는 꿈에도 생각해 본 적이 없는 관심 밖의 사안이었습니다. 나는 적임자가 아니라는 말로 정중히 사양했습니다. 그러고 나니까 내심 미안한 감도 없지 않아 거나하게 취하도록 술을 마시고 헤어졌습니다.

며칠 뒤에 문효치 시인의 전화를 받았습니다. 일전에 했던 약속을 믿고 그대로 추진하겠다는 뜻을 밝히면서 조만간 다시 만나자고 그가 말했습니다. 나는 박제천 시인한테 전화를 걸어 자초지종을 물어 보았습니다. "펜 선거에 동반 출마하기로 정 형이 약속했지." "적임자가 아니라고 사양하지 않았던가요?" "처음에는 그랬지. 하지만 나중에는 분명히 약속했어." 아마 취중에 그만 약속을 해버린 모양입니다.

나는 문효치 시인과 러닝메이트가 되어 국제PEN한국본부 이사장단선거에 입후보했고, 부이사장으로 당선되었습니다. 그 당시 국제PEN한국본부 부이사장은 김종상 아동문학가, 이수화 시인, 이길원 시인, 김학 수필가, 그리고 나를 포함해 5명이었습니다.

이사장단 회의가 처음으로 열린 자리에 모 씨가 나타나 자기가 책임을 질 터이니 충남 지역의 문인 셋을 거명하며 무조건 제명하라고 요청했습니다. 세 문인이 국제PEN한국본부를 비방하고 다닌다는 이유였습니다. 사실 확인과 절차도 없이 제명 처분부터 내리라니, 이 기이하고도 황당한 겁박에 나는 적지 않은 충격을 받았습니다. 나는 그와 목소리를 높여 언쟁을 벌였고, 그 충돌이 빌미가 되어 한국문인협회로 무대를 옮겨서도 그와 나는 서로 외면하는 처지가 되고 말았습니다.

나는 국제PEN한국본부 부이사장으로 2년 동안 재임했고, 2007년 2월에 한국문인협회 〈월간문학〉 편집국장 부임을 계기로 그 직에서 물러났습니다. 지금 돌이켜보면 박제천 시인의 강력한 추천으로 문효치 시인과 맺은 인연이 종국에는 내가 한국문인협회 이사장이 되는 시발점이 되지 않았는가 싶습니다.

■ 한국문인협회 이사장까지

나와 김년균 시인은 서라벌예술대학 문예창작학과 동기동창입니다. 2006년 12월, 그가 한국문인협회 이사장에 출마했을 당시, 나는 경기대학교 대우교수로 재직 중이었는데, 마침 겨울방학 중이었습니다. 40년 지기가 이사장으로 출마했는데, 나 몰라라 외면할 처지가 아니었습니다. 나는 그의 선거 캠프에서 선거대책본부장으로 일손을 거들었습니다.

그는 이사장에 당선되었고, 나를 〈월간문학〉 편집국장으로 초빙했습니다. 처음에 나는 그의 요청을 사양했습니다. 개인적으로 너무 가까운 사이라서 그의 장도에 혹 장애가 될는지도 모른다는 우려를 배제할 수 없었습니다. 하지만 그의 뜻은 확고했습니다. "이사장으로서 나는 하고 싶은 일도 많고, 해야 할 일도 많다. 〈월간문학〉

편집만이라도 편집국장이 책임을 져야 한다. 내가 보기에 정 형이 적임자다."

나는 1975년 5월에 〈현대문학〉에 입사해서 5년 동안 근무했습니다. 1984년에 〈소설문학〉에서 일 년 동안 근무했고, 이어서 1986년 6월부터 2년 6개월 동안 미당 서정주 선생님께서 창간하신 〈문학정신〉 편집장으로 근무했습니다. 30대 혈기 왕성한 시절을 문학지 편집으로 보낸 셈입니다. 김년균 이사장은 나의 그런 전력을 높이 샀고, 나도 사실은 문학지 편집에는 어느 정도 자신이 있었습니다.

——(이상 생략)——

나는 평소에 〈월간문학〉이 한국문인협회 얼굴이라는 사실, 원로회원에서 신입회원에 이르기까지 골고루 좋은 작품을 받아 실어야 한다는 점, 많은 문예지 가운데서 회원들이 작품을 꼭 싣고 싶은 품격 높은 문예지를 만들어야 한다는 사명감에 역점을 두고 나름대로 정성을 다했다. 그러한 생각과 태도는 〈월간문학〉 자매지인 〈계절문학〉 편집에서도 물론 예외는 아니었다.

〈월간문학〉에 싣는 작품은 크게 청탁과 기고로 이루어진다. 청탁의 경우, 원로회원에서 신입회원까지 나름대로 발표의 기회 균등에 각별히 신경을 썼다. 그리고 청탁과 관계없이 보내오는 기고 작품도 적지 않은 편인데, 일단 작품을 보내오면 나는 기고자가 예측할 수 있도록 게재 시기를 명시한 답메일이나 편지를 보내 주었고, 그 약속을 지키려고 애썼다. 작품을 받고도 받았다는 연락 한 마디 없고, 게재될 때까지 부지하세월로 기다려야 하는 기고자의 초조하고 안타까운 심정을 헤아릴 줄 모르는 오만한 편집자가 되어서는 안 된다고 생각했기 때문이다. 〈월간문학〉 편집자는 누리거나 군림하는 자리가 아니라 마땅히 정성을 다해 회원들을 섬기는 자리여야 하며, 그러한 자세는 회원들에 대한 기본 예의이자, 편집자가 마땅히 가져야 할 의무라고 생각했다.
──(이하 생략)──

위의 인용문은 〈월간문학〉 500호에 실려 있는 나의 회고담입니다. 〈월간문학〉 편집 책임자로서 내가 어떤 생각을 가졌고, 어떤 자세로 일했는가를 엿볼 수 있는 글이라고 생각되어 여기에 옮겨 실었습니다. 돌이켜보면 내가 한국문인협회 제25대 임원선거에서 이사장으로 당선될 수 있었던 가장 큰 배경을 든다면 아마도 〈월간문학〉 편집국장을 지내면서 보여 준 나의 직무 수행 자세를 많은 문인이 높이 인정해 준 덕분이 아닌가 생각합니다. 경위야 어쨌든 지난 3년 동안 많은 회원들로부터 분에 넘치는 사랑을 받았습니다. 이사장 임기가 끝나면 서재로 돌아가 그 동안 쓰지 못했던, 꼭 해 보고 싶었고 마땅히 해야 할, 열정적으로 작품을 쓰고 싶습니다. 그 꿈을 이루기 위해서는, 내 인생을 다시 벼랑 끝으로 내몰아야 할 숙제를 안고 있는데, 이 나이에 그게 가능할는지는 의문입니다. (2013년 여름)

정종명 작가연보

1945년 아버지 정봉수鄭奉守, 어머니 박임득朴任得 사이에 3남2녀 중 맏아들로 태어났다.

1950년 도계초등학교에 입학했으나 6·25전쟁으로 고향인 경북 봉화군 물야면 수식리 독점동으로 피난, 그곳에서 수식초등학교를 졸업했다.

1960년 강원도 태백시로 이주했다. 태백중학교를 거쳐 1963년에 강릉고등학교에 입학했다. 각종 백일장에서 입상 경력을 쌓았다.

1965년 단편소설 「도주逃走」가 서라벌예술대학 문예창작학과에서 주최한 전국고등학생 문예콩쿨대회에서 당선됐다.

1966년 서라벌예술대학 문예창작학과에 특기장학생으로 입학했다. 위 학년에 마종하 이동하 김형영 임영조 박건한 김정례 제씨들이 다녔고, 김년균 오정희 이경자 윤정모 이우선 장경호 이남진 김희원 안병국 등은 입학 동기생이다.

　1971년 월간 '스포오츠' 취재기자로 입사했다. 주간에 구자운 시인, 편집부장에 최범서 작가가 재직했다. 그 해 10월 김원일 작가가 부장으로 재직하는 도서출판 국민서관으로 자리를 옮겨, 4년 6개월 간 근무했다.

　1974년 11월 민인자와 결혼했고, 이후 기현, 기룡 두 아들을 두었다.

　1978년 문예지 '현대문학'에 입사했다. 주간에 조연현 선생님, 편집부장에 김국태 작가가 재직했고, 감태준 시인이 함께 근무했다. 단편소설「사자死者의 춤」이 월간문학신인작품상에 당선됐다.

　1979년「떠돌이의 혼」등을 발표했다.

　1980년 이문열 이외수 윤후명 손영목 서동훈 유익서 김원우 김채원 유홍종 표성흠 등과 '작가作家' 동인을 결성하고 동인지 1집을 민음사에서 출간했다. 후에 강석경 김상렬 김인배 정소성 최학 황충상 등도 동인으로 참여했다.

　1981년 단편소설「건널목 뛰어넘기」「고맙습니다」「겨울 야화」「회귀전말」「추방」「심판」과 중편소설「우울한 희극」등을 발표했다.

　1983년 단편소설「오월에서 사월까지」「이명耳鳴」등을 발표하고, 5년간 근무한 '현대문학'을 떠나 문예지 '소설문학'으로 직장을 옮겼다.

　1984년 중편소설「탈춤」, 단편소설「사설문답」등을 발표했다.

　1985년 동년 5월호부터 장편소설「거인巨人」을 '소설문학'에 연재했다. 창작예술사에서 소설집『오월에서 사월까지』를 출간했다. 제1회 동포문학상을 수상했다.

1986년 문예지 '문학정신文學精神' 편집장으로 부임했다. 장편소설「거인巨人」을「인간의 숲」으로 개제하여 고려원에서 출간했다.

1987년 3월 동아출판사에서 간행된 '우리 시대 우리 작가' 32권 문학전집 중 27권에 장편소설「거인」이 수록되었다. 중편소설「우울한 희극」을 고려원 소설 문고본으로 출간했다.

1988년 소설집『이명耳鳴』을 도서출판 동아에서 출간했다.

1989년 장편소설「아들 나라」를 강원일보사에서 발행하는 '월간 태백'에 연재했다. 동년에 중편소설「숨은 사랑」, 단편소설「피아트 볼론따스 뚜아」「서울은 천국이다」등을 발표했다. 장편소설「거인」이 MBC 미니시리즈 8부작으로 방영되었다.

1990년 중편소설「영원한 것은 아무것도 없다」「어느 몽상가의 빗나간 운명론」「빠른 바람은 소리로 남는다」「아무도 죽지 않는다」등을 발표했다. 장편소설「아들 나라」가 세계일보 출판국에서 출간되었고, 이듬해 12월 영화로 만들어져 대한극장에서 상영되었다.

1991년 중편소설「그러나 사랑은 아름답다」등을 발표했다.

1992년 1월부터 이듬해 2월까지 역사소설「거물巨物」을 서울경제신문에 연재했다.

1993년 소설집『숨은 사랑』을 동아출판사에서 출간했다.

1994년 11월부터 1995년 9월까지 대동일보에 역사소설「제왕의 춤」을 연재했다.

1995년 7월에 역사소설『신국新國』(전3권)을 문예산책에서 출간했다. 11월에 역사소설『대상大商』(전2권)을 한국경제신문 출판국에서 출간했다.

1997년 단편소설「의혹」에 이어「빛과 그늘」「내 사랑 내 곁에」, 중편소설「꼭꼭 숨은 입」등을 발표했다.

1999년 3월부터 이듬해 2월까지 영남일보에 장편소설 「욕망의 늪」을 연재했다. 10월 소설집 『의혹』을 뿌리출판사에서 출간했다. 12월에 서라벌문학상을 수상했다.

  2001년 3월부터 경기대학교 문예창작학과에 출강했고, 이후 2010년 2월까지 강사 · 겸임교수 · 대우교수를 거치면서 수필쓰기, 소설쓰기, 동화쓰기 등을 강의했다. 같은 기간에 롯데백화점 잠실점 MBC문화센터에서 소설쓰기를 강의했다. 동년 12월 수필집 『사색의 강변에 마주 앉아』를 출간했다.

  2002년 11월에 박양호 손영목 유만상 유익서 이채형 정동수 정성환 최학 황충상 등과 『소설마당』 1집을 출간했다.

  2003년 한국소설가협회 이사로 피선되었다.

  2005년 1월에 국제PEN한국본부 부이사장에 피선되었다. 이사장에는 문효치 시인, 부이사장에는 김종상 아동문학가, 이수화 시인, 이길원 시인, 김학 수필가가 동반 당선되었다. 동년 9월부터 현재까지 숭실사이버대학교 방송문예창작학과에서 소설작법을 강의하고 있다.

  2006년 여름부터 1년간 수필전문지 『수필과 비평』 소속 창작아카데미에서 수필쓰기 지도강사로 출강했다.

  2007년 2월 한국문인협회 편집국장으로 부임했고, 2010년 10월까지 '월간문학' '계절문학' 편집 실무를 담당했다. 동화 「어른들은 모른다」를 발표했다.

  2009년 장편소설 『올가미』를 출간했다.

  2010년 1월 한국소설가협회 이사로 피선되었다. 2001년 3월부터 9년간 강사 · 겸임교수 · 대우교수로 출강해 온 경기대학교 문예창작학과 강의를 2010년 2월 말로 마감했다. 10월 한국문인협회 편집국장을 사임했다. 다음 카페 한국문학발전포럼을 개설했다. 12월 김송배(시인) 김종섭(시인) 진동규(시인) 한분순(시조시인) 이광복(소설가) 정목일(수필가) 박성배(아동문학가) 등과 공저 『숨은 사랑』을 도서출판 청어에서 출간했다.

  2011년 1월 사)한국문인협회 제25대 이사장에 당선했다. 한국문화예술저작권협회 이사로 선임되었다.

  2012년 3월 한국예술문화단체총연합회 부회장에 취임했다.

  2013년 7월 한국문인협회평생교육원 원장에 취임했다. 10월 제45회 대한민국문화예술상(문학)을 수상했다.

  2014년 4월 한국문인협회평생교육원 소속 문학낭송가회 회장에 취임했다.

  2015년 2월 13일 사)한국문인협회 이사장을 퇴임했다. 3월 문예지 '계간문예' 발행인으로 취임했고, 계간문예창작원을 설립했다.

작품평 참고문헌

◐ 사자의 춤
권영민 1984년 소설문학 10월호
권영민 1987년 동아출판사 발행 우리시대 우리작가 전집 27권

◐ 이명
임재걸 1983년 8월 17일 중앙일보 이달의 작가 · 작품
김치수 1983년 8월 26일 동아일보 '이달의 소설'
박동규 1983년 8월 29일 경향신문 '이달의 작품 · 작가'
김우종 1983년 현대문학 9월호 월평
김윤식 1983년 한국문학 9월호 월평
조남현 1985년 창작집 〈오월에서 사월까지〉 작품해설
김병익 1985년 11월 28일 중앙일보 이달의 소설
정규웅 1985년 문예중앙 겨울호-〈오월에서 사월까지〉 서평
임헌영 1986년 신동아 1월호-〈오월에서 사월까지〉 서평
이남호 1988년 2월 창작집 〈이명〉 작품해설
이동하 1988년 한국문학 5월호 〈이명〉 서평
민병욱 1988년 현대문학 6월호 〈이명〉 서평
윤재근 1988년 주간조선 6월 19일자 〈이명〉 서평
강성천 1991년 계몽사 발행 우리시대의 한국문학 전집 23권

◐ 숨은 사랑
김선학 1989년 4월 27일 경향신문 월평
이명재 1989년 현대문학 5월호 월평
김우종 1989년 예술평론 14호(예니) 작품평
이시환 1989년 예술평론 14호(예니) 작품평
홍정선 1993년 현대문학 5월호 〈숨은 사랑〉 서평
新 毫 2015년 계간문예(39호)에 작품론

◐ 의혹
이경호 1999년 〈의혹〉(뿌리출판사) 작품해설

계간문예작가선_ 사자의 춤

초판 인쇄 | 2015년 8월 25일
초판 발행 | 2015년 8월 31일

지 은 이 | 정종명
회　　장 | 서정환
발 행 인 | 정종명
편집주간 | 차윤옥

펴낸곳 | 도서출판 **계간문예**
주소 | 03131 서울 종로구 삼일대로 32길 36 운현신화타워 305호
편집부 | 03132 서울 종로구 삼일대로 30길 21 종로오피스텔 808호
전화 | 02-3675-5633, 070-8806-4052
팩스 | 02-766-4052
이메일 | munin5633@naver.com
등록 | 2005년 3월 9일 제300-2005-34호
ISBN 978-89-6554-122-6
ISBN 978-89-6554-121-9 (세트)

값 12,000원

잘못 만들어진 책은 바꾸어 드립니다.